高校思想政治教育协同育人路径研究

◎ 淮一谷 著

GAOXIAO SIXIANGZHENGZHIJIAOYU
XIETONG YUREN LUJING YANJIU

中央民族大学出版社
China Minzu University Press

图书在版编目（CIP）数据

高校思想政治教育协同育人路径研究 /淮一谷著. —北京：中央民族大学出版社，2023. 11

ISBN 978-7-5660-2265-3

Ⅰ. ①高… Ⅱ. ①淮… Ⅲ. ①高等学校—思想政治教育—研究—中国 Ⅳ. ①G641

中国国家版本馆 CIP 数据核字（2023）第 239396 号

高校思想政治教育协同育人路径研究

著　　者　淮一谷
责任编辑　舒　松
封面设计　布拉格
出版发行　中央民族大学出版社
　　　　　北京市海淀区中关村南大街 27 号　　邮编：100081
　　　　　电　话：(010)68472815(发行部)　　传真：(010)68932751(发行部)
　　　　　　　　　(010)68932218(总编室)　　　　　(010)68932447(办公室)
经 销 者　全国各地新华书店
印 刷 厂　北京鑫宇图源印刷科技有限公司
开　　本　787×1092　1/16　印张：10. 75
字　　数　180 千字
版　　次　2023 年 11 月第 1 版　2023 年 11 月第 1 次印刷
书　　号　ISBN 978-7-5660-2265-3
定　　价　48. 00 元

前言

高校是人才培养过程中立德树人的重要场域，而课程思政与思政课程协同育人是落实高校“立德树人”的重要环节。因此，在高校育人实践中，课程思政与思政课程需要增强各类教学主体的协同育人意识，推动思政课教师与其他各类课程教师的协同性，推进任务、主体、方法、内容、功能、过程的协同，构建相应的课程思政与思政课程协同育人指导机制、培训机制、沟通机制、监督机制、考核评价机制、激励保障机制等，从而帮助课程思政与思政课程协同效应的有效开展。从本质来说，高校课程思政与思政课程二者之间是“互利共赢”“共同进步”的关系，不协同，那么就有可能出现“不和谐”，导致无序混乱。

本书的创新之处在于，将协同育人理念融入课程思政的育人实践环节中，同时全面分析高校课程思政与思政课程之间的关系、现状、原则等，提出要树立三全育人、协同育人理念，保障高校课程育人的整体质量。

全书共分为六个章节。第一章概述了高校思政协同育人的目标、原则、特征、价值这一系列基本内涵。第二章梳理了高校思政协同育人内在机制，即驱动机制、运行机制、实践机制，以及二者之间的关系。第三章指出了高校课程思政与思政课程的现状，以及针对现状可以做出的举措。第四章分析了高校思政教师与辅导员协同育人，陈述了两支队伍协同育人的理论基础，以及二者分工的地位与意义等。第五章立足三全育人视角，分析了思政课与思政教育的推进路径等。第六章则探讨了在当下新时期，高校思政协同育人的发展趋势，如高校思想政治教育生活化模式，优秀传统文化与高校思政教学的融合等。

本书力求通过深入、系统地研究，解决课程思政在与思政课程协同育人中存在的重点、难点问题，为高校思政教育提供一定的借鉴与参考。由于作者水平有限，书中难免存在不足之处，敬请相关专家、读者批评指正。

目录

第一章　高校思政协同育人的基本内涵

第一节　思政协同育人的目标

一、落实立德树人根本任务

立德树人作为我国高校教学的基本任务，是高校生存与发展的指明灯，并为所有的思想政治工作和管理工作提供了主要理念和指导方针。立德树人主要是培养具有正确政治认同、民族意识、价值观、道德观等的青年大学生，避免其受到不良信息的误导。新时期，互联网思潮呈现出一种复杂多变的局面，它加速了大学生的思想和观念转变的速度；同时，大学生的主流价值观意识和理想信念也极容易受到影响，这就会导致他们产生价值困惑、道德认知模糊等问题。

针对这种情况，高校以大学生为核心，通过培养大数据思维方法、培养掌握大数据应用的教师人才队伍等为手段，开展高校思想政治理论的教学，推动并强化思想政治工作各类育人主体之间的即时互动，并以学生所喜爱的方式为基础，对课堂教学、校外实践、学生资助、情感教育等进行差异化的利用。更深层次地激发出各种育人资源和要素的动力、活力，使其发挥协同效益，最终成为强有力的教育合力，培养一批道德品质优秀、人格健全、整合素养突出、有强烈的爱国情感和崇高理想信念的大学生，为国家建设和民族复兴培育稳固和强大的后备力量，坚决落实立德树人根本任务。

二、促进大学生的全面发展

“人的全面发展理论”指出：实现人的全面发展，需要满足其多样化的需求、提升其技能、稳定其社会关系、解放其个性。在一定程度上，“人”就是思想政治工作的核心，这也为人的全面发展打下了坚实的基础。

伴随着新时代的发展，网络信息技术为人们在技术支撑下，智能和思维层面上的延伸发展带来了新的机遇和可能性。在互联网和信息技术的作用下，思想政治工作无时不在、无处不在，它为高校学生的发展和成才创造了一个有利的外在环境，由外到内、由浅到深，逐步改变大学生的世界观、人生观和价值观。同时，大数据的基础是数据集成、关联分析、对用户进行个性画像等，深入分析在这些数据之后，隐藏着的大学生群体思想行为与个体规律，对每个大学生个体的学习动态以及他们的行为习惯进行实时追踪，并对他们的发展趋势进行预测。协助教师设计针对性强、个性化强的思想政治工作方案，实施必要干预、有效引导，最大程度地激发每一位大学生的内在潜能、学习兴趣，让他们可以在思想、心理、情感上产生积极改变，进而推动个体的全面发展。

三、构建个性化育人新模式

个性化教育是指在教育过程中，充分挖掘学生的潜能，培养学生的独特才能，推动学生自由发展的一种教育理念和教育模式。它既符合高校学生对个性化发展的要求，又符合多元化人才培养的社会需求，这也是高校教育的重要内容。从网络时代到大数据时代，人类社会的发展与飞跃，极大地促进了高校思想政治教育工作的开展。大数据的海量、高度等技术优势，可以实时采集和检测每位学生的个体课堂行为、工作行为、阅读行为、交友行为等多维数据，还能即时存储、处理和分析全体样本数据，针对每一个学生的数据集合和海量资源，智能地生成音符的画像和可视化模型，从而为思想政治工作者的决策提供参考依据，推动教师进行科学的决策，结合个别学生的特殊需求，制定出满足每位大学生“口味”的专属学习方案，推荐最适合的学习资源，并在学习接受力和内容偏好的基础上适当地进行教学内容的微调，以达到“内容个性化”的目的。

同时，构建基于大数据的高校思想政治工作平台，对高校学生的道德素质、学习进度、学习特点、学习需求等进行分析，采用差异化的教学方法和模式，安排合理的教学计划，达到“过程个性化”的目的，这样才能最大程度地将每一位大学生在知识学习、学生工作、文体特长中的潜在优势发挥出来。且大数据能够分析大学生的智力、心理、思想等方面的数据改变，可以对学生个体的受教育效果进行实时反馈，从而发现对教育教学存在问题的原因，促进教育实施者对教学方案进行改进，实现“效果个性”。

因此，将大数据应用到思想政治教育中，目的是从内容到形式、从教学过程的起点到终点，建立一套完整的科学、切实可行的个性化育人实践运行模式，从而可以让个性化的服务变得更符合人性和人的发展规律。

四、满足社会主义建设需要

意识领域的安全稳定、科学的思想指导是社会，是社会主义建设的基础，但随着互联网的快速发展，社会上出现了多种非主流意识形态，引发了各类网络舆论思潮的快速扩张，对社会主义主体意识形态产生了影响。青年大学生作为“网络原住民”，他们的意识观念、价值取向等在这些因素的作用下呈现出了新的特点，这也为中国青年大学生群体坚定为新时代中国特色社会主义建设付出、为人民美好生活创造积极奉献的信念，带来了一定程度的影响。

五、推动国家教育事业发展

目前，我国经济、文化等各个方面的建设都已经与新时代同步，国家一流高校、一流学科建设战略规划为我国高等教育的新发展提供了机遇。在这种新的形势下，高校是人才培养工作中的重要一环和把关阶段，高校应该如何因时、因势、因事进行改革，以取得新突破，开创新局面，这是值得深入思考并急需解决的重要理论与现实问题。按照国家关于人才建设和高教改革的要求，紧扣人才培养的核心任务，努力推进思想政治工作协同育人的理念、方法、基层工作和评价机制等系统创新，激发高校思政工作协同系统的内在力量，对于促进高校教育事业发展具有重要意义。

第二节　思政协同育人的原则

一、人本性协同原则

人本性协同原则是高校思想政治教育协同育人的关键。人本原理源于管理学，它为高校思想政治协同育人管理提供了许多有益借鉴。高校中所有的工作都要以人才培育为核心，而人才的培育又会引发新的知识和价值创造，这些创造又离不开对思想政治教育的引导。高校思想政治教育的协同育人，为大学生的发展提供了一个开放的环境，让他们在一种放松、舒适的协同育人活动中，完成自我实现和自我超越。所以，在高校思想政治教育协同育人中，要把学生放在第一位，要严格遵循学生的身心发展规律和教育规律，从而培育出德才兼备的新时代青年。

坚持“以人为本”，将人本性作为根本原则，既是对大数据技术价值的充分利用，也是凸显思想政治工作协同育人的实然之举。

首先，从工作理念上来看，要尊重大学生的主体地位。思想政治工作的实施主体，应该把学生当作所有教育行为的起点和终点，把他们成长的内部规律和发展需要当作实施教育改造的基础，在培养学生的价值目的上、方法手段上，要始终坚持人本位的导向，充分体现出人性化的特点，要主动关心、帮助大学生解决其个人世界观、价值观、人生观等方面的疑惑。在进行思想政治工作的时候，要尊重教育对象的自主和选择权，重视挖掘他们的独立性、积极性。充实其自由的个性内涵，突出大学生的主体人格。

其次，要把工作重点放在学生的需要上。注重从数据挖掘、数据跨界、数据碰撞等方面入手，对大学生的需求变化规律和特征进行深入分析，从而让教育主体可以精准地理解、预判和供给学生的内在需要，通过各种方法、途径，将各大育人要素的集成效应充分地发挥出来，满足其物质层面、人格层面、交友学习层面等多元需要，引导受教育者自我调整、自我完善，让大学生的知识、意志、个性潜能都可以充分发挥出来。

最后，在工作的方式和途径上凸显情感温度。利用大数据分析可以直观地了解到学生的内心世界，对学生的实际生活和学生情况进行全面的了解，让教育者有针对性地将生硬的理论条文转变为鲜活的图片、表情等，迎合青年大学生的学习偏好，让他们通过多种方法亲身体验和感悟，发展自己的个性，并联合其他力量，共同构建家庭、社会和学校“三位一体”的育人格局，让他们感受到家庭的关爱、社会的温暖、教师的引导，从而影响、感染学生，让他们与思想政治工作的主体能够情意相通，做到用情感来育人、情感成人。

在互联网环境下，出现了网民文化、互动文化等，这些文化持续影响着大学生的价值认知模式和互动方式，他们追求个性、互异的个性特点变得越来越明显，这就对高校提供的差异化教育服务有了更高的要求。随着大数据的不断发展，云计算和人工智能技术的不断进步，“差异化”的教育已经成为一种必然。高校要对思想政治工作协同育人主体差异化思维进行加强，并引导教育工作者积极地利用大数据，对不同个体的学习行为数据进行科学地记录，从而可视化、动态化地展现出每个学生的知识结构、学习生活轨迹等。注重学生的个性特点和需要，采取有针对性的、差异化的教育模式，分层次、分个体提供服务，突出内容、过程、效果等的差异化特点。

同时，要加强人文关怀。大学生有生活、交友的需要，也有被理解、认同、价值创造的人生追求。在高校思想政治工作协同育人中，要体现出“以人为本”的理念，凸显出对大学生的人文关怀，要使育人主体构建起

“社会”和“个人”两种价值统一的理性思维，要重视大学生个体发展、情感、意志等方面的需求，在工作方法上体现艺术性、细腻化，通过答疑解惑、当面疏导、文艺感化、换位思考等途径，使思想政治工作深入大学生的心灵，指导他们在价值观念、人生目标中，实现自我发展、自我超越。

二、有效性协同原则

在大数据时代，差异化定制已经成为一个主要的发展方向，通过大数据，可以发现教育对象的行为特征，成长目标呈现出复杂化、层次性的特点，运用差异化思维意识，加强对学生个体的关心和重视，针对每个大学生的具体教育问题，进行具体的分析，协助教育者有差别地采用自我教育、形象演示等方法，提高育人方式和机制对个体的适应性，让大学生能够欣然地接受教育者的引导，并对他们的心理和思想产生直接、深远的影响。

不同的大学生在能力优势和性格特征上有一定的差异，需要在培育目标上体现出其差异性。大数据以对不同学生的心理素质、情感思想、价值态度统一性承认为基础，从个别化对象数据中，可以分析出不同的学生个体先天优势能力、学校特色、学习程度的差异，为教师制定学习目标、设置考核目标和评价标准提供了数据参考框架，使教育目标与在不同阶段大学生的情感、心理等需求相匹配，进而推动每个大学生的个性发展，最终达到协同教育的有效性。

在高校思想政治教育协同育人中，有效性协同原则是核心内容之一，它是思想政治教育协同育人工作成效的一种重要体现。它是保障思想政治教育协同育人目标切实可行的条件，目标切实可行是为了更好地实现协同育人的创生性，从而推动高校思想政治教育的发展。同时，是保障协同各要素在育人活动中均衡、有序参与的需要。各育人要素的有序参与和互相联通，有助于实现协同育人的有效连接，从而形成最优的教育合力。所以，高校思想政治教育协同育人要想充分发挥出协同育人的有效性、实现人的全面发展，就需要坚持国家政治方向，与社会主义市场的发展需要相适应，满足人才培养的要求。

三、时代性原则

时代性原则即高校思想政治工作协同育人既要反映出时代变化的特点，又要随着时代的变化而调整其工作内容，顺应时代形势，融入当前的现实环境与社会氛围之中。

首先，高校思想政治工作协同育人的时代性，表现为其与所处时代背景相契合。当前最为突出的时代背景是大数据时代，随着大数据、云计算、人工智能技术的不断更新，大数据时代正朝着更高层次转变和升级，呈现出智能化的趋势。在推动思想政治工作协同育人发展过程中，应该对大数据时代的必然性和重要性有正确的认知，将其作为一个重点，把握好大数据时代这一难得的发展机会，科学、谨慎地使用大数据进行创新，改善工作方式和方法，使工作具有时代感。

其次，体现为对时代问题的把握上。大数据时代下的思想政治工作系统育人须紧扣“立德树人”的重任，与培养新时代人才的重要使命，立足于新时代背景下的新变化、新要求，准确把握当前高校育人过程中存在的新问题和新矛盾，然后采取有效措施来解决。

最后，体现为对前沿技术的追踪。在大数据时代，大学生的一切活动，甚至是思考和想象，都能以数据的形式表现出来。数字化的表征将大学生真正地自我揭露出来，在这种情况下，教育主体以因果关系和经验直觉为基础，形成的教育决策，很有可能并不具备一定的可靠性。大数据超算、云计算、深度学习等突破了大数据思政工作的技术，不但能够推动思想政治工作内部机制，对容错思维和相关思维在一定程度上的认同，还能够促进研究视域、智慧化育人载体、科学化反馈与评价机制等方面的思想政治工作变革，从内部和外部两个层面构建出大数据思政新模式，将网络育人、数据育人作为重点，用思维和技术的同步创新来提高高校思想政治工作的时代性、感染力，从而让高校协同育人的精准性、人文性、实效性得到了提高。

四、整合性协同原则

整合性协同原则是实现高校思想政治教育协同育人的重要保障。从系统论的理论角度来看，高校思想政治教育协同育人的整合性协同原则是必要条件之一。一方面，思想政治教育协同育人处在“群己关系”的社会交往中，进行有效的协同整合，有利于良性社会资源的有效转化，例如，能够推动和谐、诚信等资源转化为思想政治教育，从而实现高校的育人目标，为高校思想政治教育协同育人格局构建创造了良好的条件。另外一方面，搞思想政治教育的协同育人注重人的全面发展。多元主体、部门、平台等在协同育人过程中，将智慧和正能量的文化进行充分整合，这对推动新青年德智体美劳的全面发展大有裨益。

五、延展性协同原则

延展性协同原则是对高校思想政治教育协同育人的一种创新。当前，高校思想政治教育协同育人体系仍有提升的空间，需要对协同育人的包容性进行深入反思。遵循延展性原则是实现目标的需要，培养全能型人才，需要全面开放的教育环境，并在问题和发展中实现转变，符合时代要求。同时，延展性协同原则也是育人要素互动的必要条件。每个教育要素都有其各自的优势，在这种开放式的交互过程中，很可能会因为个体自身的一些原因而对教育的成效产生一定的影响。所以，要把协同创新作为指导方向和侧重点，对合作教育的交互方式进行创新，从而达到协同育人的人本化、互通化建设。综上所述，延展性协同原则的实现应在统一统筹、开放式格局下进行，实现目标的诉求和各要素的创新互动。

六、科学性原则

在遵循思想政治工作的一般规律前提下，利用大数据和协同领域的理论、方法，思考、分析和解决过程中所产生的问题，并最终得出科学结论，从而将思想政治工作的科学内涵和科学价值凸显出来，这也是在大数据时代，高校思想政治工作协同育人的基本指向。其科学性主要体现在对“三大规律”的遵循。

首先，要遵循思想政治工作规律。思想政治工作协同育人要始终坚持社会主义办学方向，要围绕着立德树人的任务，强化对理想信念的教育，以马克思主义世界观和方法论为指引，通过中国特色社会主义理论体系来铸魂育人，以增强大学生的理论信心。要用科学性、真理性的理论来为思想政治工作的实践提供指导，为大学生的成长和成才打下坚实的思想根基，用社会主义核心价值观来加强他们的价值自信和价值认同。

其次，要遵循教书育人规律。高校既是科学知识普及的高地，又是培养人才的摇篮，教学是其首要使命，培养人才是其高层次使命。高校思想政治教育要充分利用课堂教学的主要途径，立足于思想政治理论课，其他各门课程要“守好渠”，发挥协同效应，使教书与育人协同一体，将知识传授与价值引领等有机融合。与此同时，要充分利用校园文化、科研实验的育人要素，使学生在文化熏陶下、亲身体验中受到启发，增长才干、提升素养。

最后，要遵循大学生的成长规律。他们是具有较强独立意识和强烈个性诉求的一代，且他们的价值观和情感心理没有完全成熟。在大数据时代下，高校的思想教育要建立起科学工作观念，营造出平等互动、民主讨论的学习氛围，要对学生的主体个性差异给予充分的尊重，要善于利用大数据和科学的思维、技术手段，对大学生的心理行为变化规律、思想变化动向进行分析研判，对大学生的需求作出回应，多采用引导式、互动式、鼓励式的方法，对学生进行思想教育，使思想政治工作价值性的内容“有意思”“有温度”，更易于学生接受、喜爱，通过传播和宣扬社会主义正能量，引领其身心和人格健康发展。

第三节　思政协同育人的特征

一、主体的多元性

“全员育人”是加速构建协同性育人格局的关键环节，是指各思想政治工作主体要以共同的目标为指导，共同对大学生进行价值信念的塑造，以及政治教育的引导，对大学生进行心理疏导，为大学生的成才铺平道路，为他们提供精神上的关怀，推动其发展与进步。专职教师、学生工作队伍、家庭、社会等多个主体是构成思想政治工作活动的主要能动因素，其中，专职教师是思政协同育人的重要主体力量，应当把学生的思想道德教育融入课程学习、职业指导等任务之中，以多种形式和多元化的内容来感染大学生，在他们的文化观、价值观和思想认知上，带来深远的影响。

二、对象的复杂性

“人”是思想政治工作协同育人的直接的客体，对于处于成长关键期、思想敏感期的大学生，他们思维活跃、辨别能力不强，对人生价值观和外部环境的认识还没有定型，在思想和行为上表现出高度的复杂性。思想政治工作对象的复杂性主要表现在两个方面：一是大学生的思想和行为变化速度较快。伴随着互联网的迅速发展，各种思想观念在网络中迅速萌芽、扩散，其中有一些不良的思想观念以隐蔽的形式潜藏在大学校园中，持续地冲击着大学生的价值观、道德观念，同时也对高校的意识形态话语权构成了相当大的冲击。学生的思想、心理和行为都发生了迅速的改变，这使得思想政治工作者很难把握教育对象思想行为发展的规律，也就很难准确地找到政策实施的着力点。

二是体现为大学生明显的思想和行为矛盾上。随着社会主义改革的不断深入，以及互联网的广泛应用，社会环境和社会舆论呈现出越来越复杂多变的趋势。有些不良的思想意识和信息舆论很容易使大学生感到迷惑，使其对正确价值观的群体认同和内在认同产生困惑，这会使学生理性思考和关注现实的意识受到冲击，产生一些如心态浮躁等问题。他们在思想和思维上的彷徨、困惑，最终表现为行为的矛盾，并由此出现出格等问题。这种思想和行为的不一致，将增加思想政治工作协同育人的难度。

三、方法的精准性

在大数据的基础上，运用学校的教务系统、校园一卡通、视频监控中心等一体化系统，通过离线采集、在线采集、互联网采集等方式，实现动态化采集学生数据。全面采集、记录和监测学生的课堂出勤、食堂消费、运动锻炼、社会实践等多项数据指标，以及在网络中留下的文字、音视频等数据，将其汇聚为强大的数据流，建立个体用户元数据库。大数据分析是基于统计学学理、机器学习技术，以算法编程为依据，对数据分析方式进行事先设计，以达到对数据进行自主记忆与识别、超级运算、深度分析等目的。对每一个学生进行深度分析，生成其相关性动态轨迹和共性词条，从庞大而复杂的数据中，分析出大学生的行为偏好和习惯、就业偏好、心理意向等，构建具象化、可视化学生用户画像、模型、图表。

与此同时，通过大数据对校园内的舆情危机进行监测，对舆论的来源进行分析，对其演变动态进行科学研判，并启动预警和应急处理机制。大数据应用是数据产生、创造价值的过程，这一过程还表现为，大数据将各种环境和目标相融合，从而指导教育者做出科学的决策，以及实施能够减少风险和成本的措施。在学生方面，通过大数据，可以为学生提供个性化、精准化的成长计划，从而提高学生学习推送的精准度，让思想政治工作的内容能够与大学生的情感需求、价值需求、心理需求、以及学习需求相匹配。

四、资源的共享性

高校思政的协同育人资源共享性，主要表现为资源的跨群体共享；跨时间的共享；跨空间的共享。首先，资源的跨群体共享。高校的思政协同育人，要突破其与其他主体间的壁垒，以互联网为基础，构建起沟通渠道和开放的大数据交流平台，从而进一步充实思政育人资源的内容，提高资源的分配效率和服务质量。与此同时，还可以作为一种连接主客体的物质形态，通过数据这个媒介，促进各主体的相互关系，加快大学生与大学教师间、大学与家长之间、企业之间的信息交流、跨界合作，打破数据垄断，使得数据资源在跨组织流动过程中，提高资源本身的价值。

其次，资源的跨时域共享。高校学生的学习行为、社交行为等都以数据的形式爆炸式地叠加和增长，最终形成思想政治工作数据资源，这些资源基于手机、校园网络、社交平台等多种媒介组成了巨大的传输网络，实现即时传输、获取，使得高校思想政治工作者能够及时获取最新信息，从而更及时地调整教育决策和方案。

最后，资源的跨区域共享。数据驱动的资源共享平台是以区域精准定位、自主整合区域中的有效资源为基础的，它可以打破空间物理条件对数据流动和共享的限制，突破区域的壁垒，形成开放、共通的网络空间环境，从而促进育人主体共建、共享数据信息网络，将大数据信息资源的多重效益和价值充分发挥出来，融合多重教育力量，从而对协同育人模式进行优化。

五、路径的聚合性

聚合指的是单一的事物或元素以一定的方式从离散到集中状态的变化过程，高校思想政治工作协同育人的路径运行就是校内外、线上线下各项育人要素，围绕大学生，通过协同方式来实现作用力聚合的过程。在大数据环境下，高校正在大力推进与技术相结合的人才培养工作，使物理技术支持下的思想政治工作信息传播、人际合作的机制和模式发生变化，也就是改变高校的育人路径。就大学生个人来说，他们需要与多个客体对象进行接触，比如教师、社会人员等，接收多个方面的信息资源，让他们掌握成长过程中所必需的多个学科门类的知识技能，进而实现他们的全面发展。但是，教师、社会等主体在地理位置上分布较散，这对于协同育人模式的形成而言，有着一定的影响。

在开放、互动、自由的思想政治工作空间和大数据一体化平台网络上，构建完善的高校体系化、全天候育人网络，有机互动、双向“互哺”的教育合作机制，各类育人主体以学生为聚合核心，教师、社会群体等在育人空间的多个节点上，共同协作，构建开放式、双向式的工作关系和样态。形成高校、政府、社会、企业、家庭合力育人的格局，对各种育人要素资源实现更新协同开发，在育人路径的选择、数据资源参考等方面，结合大学生现实培养目标、个性需求，让各大主体都能发挥出其资源价值的协同效应，为大学生的个性化成长和发展作出贡献，在大学生道德观念、价值观和文化观念的变化中，凸显思想政治工作的价值。

第四节 思政协同育人的价值

一、强化思想政治工作服务的针对性

在传统的教育模式中，高校学生的思想政治工作在一定程度上受到信息工具的影响，以及收集、存储和流通技术的影响，思想政治工作主要依靠课堂出勤、局部调查和个别访谈等形式，分析学生存在的思想问题，然后进行相应的服务；而在现代思想政治工作服务中强调针对性，需要在协同育人观念、路径、效果评判等环节中，体现出针对性，针对个体、个别需求等提供服务，提高思想政治工作服务的针对性。

首先，通过大数据分析，准确判断出学生的需要，为学员提供有针对性的服务。大数据“样本=整体”的数据模式可以让思想政治工作数据样本从个体转化为全体，数据规模从小部分转化为海量，数据类型从单方面转化为全方面、多层次，从而创造了高校思想政治工作全体样本和所有数据的量化分析方法。挖掘和分析大学生生活、学习的多维数据；对这些数据进行清洗、建模，发掘出潜在的信息，对学生的特殊需要及个性差异进

行分析，从而准确地定位他们的需求层次，对大学生的思想和行为动向进行反思，提出有针对性的思想引导、心理疏导等服务，满足其需求和期望。

其次，通过大数据对高校学生的心理和行为进行精准分析，提供有针对性的应对措施。大数据系统可以分析样本全部数据，分析学生的一般性发展规律和动态曲线，只要有微小的“差错”，就会立刻触发风险预警机制，快速诊断学生身心、行为等方面可能出现的异常情况，比如，学习成绩下滑、心理焦虑等，协助思想政治工作育人主体，对学生的困惑进行深入了解，积极关注学生内心的真实想法，为其提供人性化、个性化的关怀和引导服务，协助他们解决困惑、难题。基于大数据真实评价育人成效，提出有针对性的改善方案。

二、增加文化自信

一国的发展，在很大程度上依赖于其民族文化底蕴。人们对自己的民族传统文化与价值观的认同与自信，关系到本民族的命运与国家整体性意识形态。儒家思想作为中华民族的文化象征，是中国甚至是世界教育史上的重要智慧宝库。儒家文化以其先进的思想和鲜明的民族代表性，成为中华人民继往开来的重要精神力量，源源不断地为文化宝库注入了活力。在内容丰富性、思想广度、文化指导性层面，儒家思想都有着很强的优势。将儒家思想融入高校思政教学中，可以起到传播、弘扬优秀传统文化的效果，从而提高大学生对民族文化的认同与自信。

第二章　高校思政协同育人内在机制

第一节　高校思政协同育人的驱动机制

从协同学理论的“不稳定原理”可知，内在驱动正是来源于思想政治教育协同育人“内在的差异”。从理论上讲，思想政治教育协同育人的内部驱动机制是科学研究和人才培养相互融合的内在动力机制。本节将从利益吸引和自身发展需要入手，按照循序渐进的原则，对思想政治教育协同育人的内部驱动机制进行深入地解读。它的内部动力和利益吸引是相互对立的。任何一种合作的内在动力都是与合作双方的实际利益相关，没有共同利益作为诱因，就很难达成合作，也不可能长久，高校之间的合作也是这样。在思想政治教育协同育人中，利益也是一个不可忽视的因素。

一、高校思想政治教育协同育人的跨部门任务驱动机制

（一）高校思想政治教育协同育人的跨部门合作

从整体上讲，高校承担着教书育人、科学研究和服务社会三大职能。教书育人是它的立身之本。就培养途径而言，不仅要利用课堂授课，传授理论知识；还要充分利用课余时间来提升青年学生的创新力。高校的存在价值，可以从科研项目的开展、科研成果的转化、领域内部的竞争实力水

平中体现出来。只要有足够的利益吸引，双方可以合作，就能够获得更多的收益。例如，一所高等学校汇聚了众多的人才，但教育资源有限；而另一所高校既有先进的科研平台，也有充足的实验设备，但是人力资源短缺，这就能形成相互补充的内在逻辑。双方合作就可以发挥各自的优势，达到共赢的效果。

首先，从高校的角度来看，随着人才的不断引进，人力资源紧缺的问题随之得到了解决，有助于研究项目的开展，这样一来，高校不但可以承担更大的研究项目，还可以获得更多的支持。其次，就高校而言，由于得到了其他高校的大力支持，其科研经费、学科建设水平等都得到了质的飞跃。对于高校学生来说，高校为他们提供的科研平台与科研仪器、科研项目都是宝贵的资源，他们可以利用这个机会，来完成对前沿科技的了解，并用科学研究来攻克难题，从而将科学研究技术内化，自身的眼界、创造力等都可以获得改观。这样的话，就有了以科研促进人才培养模式完善的可能。在共同的利益驱动下，各高校之间可以通过合作，整合各自的现有资源，共享科研资料和成果。在这种情况下，思想政治教育协同育人活动会走向良性循环，从而达到可持续发展的目的。发展是最重要的。在科教兴国战略背景下，高校要树立与时俱进的发展意识，积极开展非营利性的合作，适应时代发展的要求，经受住社会的检验，通过自身的努力取得稳健发展。

高等学校在发展过程中，应该将培养人才作为自己的使命，同时也要兼顾其他的职能，例如启动科研活动、助力社会健康发展。一般而言，高校的人才培养质量、科学研究成果、学科建设水平等可以体现出其综合办学能力，且这关系到高等学校的声誉、知名度和影响力。随着高等学生知名度的提高和其社会影响力的不断扩大，其在教育领域不仅可以作为标杆，还可以获得来自国家政策的大力扶持，它的办学资源和生源将会不断增加，这一方面可以为高校可持续发展目标的实现打下良好的基础，另一方面，它的办学水平也会越来越高，有可能成为或者超越世界一流大学。高校承担着三项重要的任务：承担重要的科研任务；实现科研项目获取；争取必要科研费用。科研能力、创新能力和学术成果是高校的核心竞争能力。所以，高校应该用科研任务来解决一个又一个的难题，并且重视自身的转化能力提升，这样才能在激烈的竞争中脱颖而出，达到突破性发展的目的。

高校之间的有机结合。首先，高校合作，可以提升高校的科研实力、提高其人才培养能力，为学科建设提供更多的有利条件。其次，高校合作可以为其攻克科研项目、转化科研成果奠定基础，让大学生在毕业后可以作为后备军，壮大高校队伍。从长期来看，二者的结合不是无中生有，而是深思熟虑后作出的重大决定，也是符合时代潮流的明智选择。

例如，中国科学技术大学（简称“中国科大”）与中国科学院等有关高校之间的合作，也是在其内部驱动机制基础上不断演化与发展的。根据中国科大所提供的信息来看其创建于1958年，并在成立之初与各高校结成合作关系。中国科大因其在培养优秀人才方面的突出能力，于1959年被认定为国家重点大学。在中国科大南迁到合肥之后，与高校之间的合作并没有因为地理位置上的变化而停止。学校不仅建成了研究生院、国家重大科学工程的建设，还通过自身综合实力，入选了国家首批“985工程”和“211工程”名单。中国科大从2000年以来，面向国家需要，不断扩大与各大高校之间的合作，在充分考虑中国国情基础上，积极探索新的人才培养模式，并推出了科技英才班与科教融合共建学院，成为各高校竞相效仿的典范。从客观的角度来看，中国科大的辉煌成绩，与其奋发向上的进取意识和永不言弃的拼搏精神，以及各大高校之间的合作有着紧密的联系。

（二）思想政治教育协同育人驱动机制模型

通过以上分析可以看出，在思想政治教育协同育人的驱动机制模型中，包含了外部和内部的两种驱动机制。外部驱动机制中包括了政府的牵引作用、技术的推动作用、国际和国内环境的影响作用等。内部驱动机制主要是利益间的吸引和自身发展的客观需要等。根据唯物辩证法的观点，事物的变化是由内外两种力量共同作用而产生的结果。

首先内因为事物的变化提供了参考依据，是事物变化所必需的基本动力。其次，外因是事物改变的先决条件，外因需要通过内因才能起作用。

内因和外因的重要性是相等的，且二者相互影响。具体而言，内部驱动因素既有利益吸引，也有自身发展的需要，这是思想政治教育协同育人产生的主要原因；外部驱动因素有政府牵引力、国内外环境的影响力等，这是实现思想政治教育协同育人稳步发展和壮大的重要因素。

内部驱动机制是思想政治教育主观能动性的具体表现，它起着基础性的作用，可以影响到外部驱动机制的价值体现，它关系到思想政治教育协同育人活动的成败。所以，只有同时满足潜在利益吸引、不断追求自身发展的情况下，思想政治教育才有可能获得来自政府的支持、科技的推进以及来自外界力量的支持。这样，科学研究与人才培养的融合，彼此才可以通力合作，达到互利共赢的目的。

（三）思想政治教育协同育人机制践行的原则

1. 整体性原则

思想政治教育是一个有机整体，是各要素共同作用的结果。所以，在开展具体工作的时候，须把整体性原则贯彻到实际中去。如果缺乏整体性原则，那么很容易就会破坏大局，从而很难从整体上了解和把握思想政治教育活动的整体情况，忽略各组成要素的内在逻辑关系，进而造成顾此失彼的情况。为了防止上述情况的发生，就需要从整体出发，兼顾校内育人要素和其作用发挥，积极将校内外的育人要素融入思想政治教育系统中。

2. 协同性原则

以此为基础，通过要素之间的相互渗透、协作，很容易达到“1+1>2”的效果，使有机体的资源可以顺势得到整合，从而达到优势互补。在建立和健全高校思想政治教育协同育人机制过程中，各参与主体方要注意加强自身的协作意识，形成并应用良性的互动模式，使高校思想政治教育事业进一步发展，迈入稳健发展的阶段。

3. 动态性原则

高校思想政治教育机制系统中各要素既具有不稳定特性，又具有动态发展特性。所以，在这种情况下，思想政治教育的过程必然会随着内外环境的变化而改变，不是一成不变的。这就要从发展的角度理解、审视、分析不断出现的新状况和新问题。

4. 创新性原则

创新是一个民族持续前进的动力，也是一个国家稳步发展的重要力量，它可以为思想政治教育学科注入新的内部驱动，促进其对发展理念的更新。创新性原则需在客观情况下加以贯彻。在完善高校思想政治教育机制的同时，不仅要重视对传统教育方式的创新，还要探索、归纳全新的教育方式，从中选择最佳的方式，同时还要学习其他学科机制建设实践成果，从而为思想政治教育机制建设方式的多元化发展预留更多的尝试空间。

二、高校思想政治教育协同育人的资源整合驱动机制

（一）实现思想政治理论课教师与非思想政治理论课教师协同育人机制

1. 增设思想政治理论课，要求专业课教师积极加入其中

通过学习，让专业课教师知道思想政治教育的育人理念和目的，让他们了解思想政治教育的内容和使用途径、方法，鼓励他们在实际的教学过程中，把所学的知识活学活用。只有将思想政治教育与专业课教学有机地结合起来，才更容易达到“双赢”的目的。

2. 思想政治理论教师与非思想政治理论教师彼此“结成对子”

他们进行“一对一”“面对面”的沟通，重点拟定教学大纲，而这既能满足自己专业教学的需要，又能提高学生的思想政治理论素养。在教育实践过程中，学校要注意思想政治理论课中教师的表现，及时指出其存在的问题，并提供相应的解决思路。

3. 高校举办教育活动，实现非思想政治理论课教师职业道德提升

高校主题宣传活动的开展要朝着多样化方向发展，例如，举办道德主题演讲等。同时，在媒介的宣传过程中，高校要起到表率作用；邀请专家为教师进行主题讲座，为教师解答疑惑，对教师的教育理念进行优化，防止教师只教书不育人等问题。对于专业课教师来说，要时刻保持与时俱进的发展意识，重视自身的思想政治理论素养和职业道德的提高，用严谨的

学术态度、高尚的职业品德、得体的言行举止等来获得学生的认可，并在潜移默化中影响他们。

（二）促进教育与管理融合，将思想政治教育纳入学校管理

1. 管理者应时刻铭记“管理也要育人”的理念

管理者要始终牢记“管理也是育人”的理念，对自我管理意识进行优化，提高自身的管理能力和自我素养意识，通过学习，找出自己目前的不足，对其进行优化，严格遵守学校规章制度，做到严格要求自己。

2. 管理者应注重自我思想与具体行为的结合

高校管理人员要注意自身理念与实际行动的结合，通过思想政治教育活动和自己的言行来影响学生，使其认识到思想政治素养的重要性，并向管理者学习。

3. 管理者应基于科学理论完成现代管理制度的创建和完善

在具体的管理活动中，管理者要以科学理论为基础，逐步建立和健全现代管理体制。且管理者要贯彻“以学生为本”的理念，通过对学生的特点与需求进行分析，关注他们的心理需求与思想状态，营造平等、自由、民主的管理氛围，使现有管理方式得到最大程度的优化，使各种管理载体得到充分应用，使管理活动不断深化，提高大学生的思想政治理论素养。

（三）促进育人与服务融合，让育人理念融入高校服务过程中

服务育人具有自己的优势和特色。在高校中，负责宿舍管理的工作人员要重视和尊重学生的主体地位，关系学生，科学有序地开展宿舍工作；担任学校食堂工作的服务人员应该具备吃苦耐劳和积极奉献的精神，树立热情友好的服务形象；从事高校绿化工作的工作人员应该认真履行自己的职责，与学校的绿植特征相结合，培养出不同形态的植被，把美化学校的环境当成自己的职责。通过上述人员的不懈努力，学生可以感受到他们敬业的工作精神及较高的职业素质。

服务育人有着潜移默化、润物细无声的特点，这种优势是教书育人、管理育人所没有的。只有积极将育人与服务相融合，才能使教育更具启发

性，引发学生更多的思考。所以，高校应该重视举办座谈会、各种培训活动，在不妨碍服务者工作的情况下，鼓励服务者积极参加，让他们把育人思想融入自己的内心，增强他们的育人意识。除此之外，高校还需要为学生设置一些在校服务岗位，给他们参与校园服务的机会，这样才能培养出他们的奉献精神和为人民服务的意识。也可以通过学生的视角，对学校的服务系统进行检查，查找不足之处。

因此，高校要重视构建学校内部的全员育人机制，不仅要以教书育人、管理育人、服务育人为基础，构建协同育人机制，把“育人理念”贯彻到实践活动中去，还要从微观的视角出发，加强上述各个领域要素的协同合作。在这种情况下，思想政治理论课与非思想政治理论学科之间的相互渗透强度将会发生巨大变化。

三、高校思想政治教育协同育人的过程驱动机制

（一）建立健全入学教育机制

在大学新生踏入大学的那一刻，高校就应该着手开展思想政治教育活动。首先，利用多种新兴媒介，组织各种线上宣传活动，用崇高道德素养来激发高校学生为人民服务的意识。其次，以专题讲座的方式，为大一学生了解本校的发展史提供可行路径，并向他们介绍本校的杰出毕业生和他们的事迹，确立好学习模式，有效地激励大一学生奋发向上、越挫越勇的品质。再次，指导大一新生了解学校机构设置、规章制度等，解答他们的疑惑，并对他们的言行举止做出规范。最后，通过对其进行理想信念教育，培养其责任心和荣誉意识，鼓励他们确立自己的发展目标，为成为国家栋梁而努力向前。

（二）完善心理健康教育机制

心理健康教育不是一朝一夕就能完成的，它应该是一项贯穿大学各阶段的活动。首先，对心理健康教育机制来说，要根据实际情况，制定好学校每年的心理健康教育规划，不断增强学生的心理保健意识，优化其心理

素质。其次，心理健康教育机制要加大对资质心理咨询师的引进，保障咨询者的个人隐私，并针对问题提出多样化的援助方式和指导方案。推动学生个体咨询，对有严重心理问题的学生及时进行转介。最后，心理健康教育机制要有防患于未然的意识，定期开展一些心理危机预防及干预活动，落实心理危机排查制度，建立有效的心理危机干预机制，有效遏制学生的心理危机问题。

（三）强化提升就业创业指导机制

大三、大四的学生正面临着求职的抉择，无论是求职还是创业这一阶段，大学生要获得符合自己期望的发展结果，不但要具备扎实的专业知识基础，还要具备较高的专业技能水平，同时也要建立起正确的择业和发展观念。为此，高校应在学生的就业指导中，把思想政治教育融入其中，以增强其就业竞争力。理想是学生为实现终极目的而努力奋斗的动力源泉。高尚的职业理念可以使学生不忘记自己的初心，坚定自己的信念，在自己的职业选择和工作实际中得到发展，在群体要求和个人追求之间找到新的平衡，从而更好地体现自我价值。高校应该积极地与企业构建起良好的合作关系，举办召开就业形势分析会议、企业家创业分析会议，为毕业生了解行业的发展特点、实际就业形式等创造有利的条件，让他们能够在就业或创业道路上做出正确的选择。

随着时代的变化，教育主体和客体的内外部发展环境发生了很大的变化。对广大思想政治教育工作者来说，应该加深对已有各种载体的认识和分析，并以其优势为基础，完成多角度、全方位的思想政治协同育人机制。

一般来说，谈话、理论教育都是传统载体。在进行思想政治教育活动时，要从不同的视角来认识、运用传统与现代载体，使两者能够更好地发挥自身的优势，并将其整合，提高教育的辐射面，强化其渗透性，提高大学生思想政治素养的整体水平，推动大学生形成正确的社会主义核心价值观。在教育实践活动中，教育主体要强化对被教育者的具体情况认识，要尊重学生的特征和诉求，在进行思想政治教育的过程中，选择一些切实可行的载体。避免重复使用一种载体。例如，文字以及各种条例很难被理工类的学生所青睐，选择传统的理论教育载体，也很难达到理想的效果。在这种情况下，教育者应该结合学生的特征，选择大家喜闻乐见的载体，推动二者的结合，提高思想政治教育的实效性。从客观的角度来看，这个世界上没有完美的载体，不管是传统载体还是现代载体，都有其优势和不足。在进行思想政治教育的过程中，使用者要根据自己的优势和不足来进行组合，从而实现优势互补，达到扬长补短的作用，为思想政治教育的实践活动和目标的实现提供帮助。

从目前的情况看，各高校的合作意识、合作方式等都在逐步增加。但在不同学科互动方面还需要强化，增加彼此间的协作，以充分体现优质教育资源存在的价值和实践的意义，实现高等教育人才培养目标的实现。院校可以通过分析院校教育理念、师资力量等具体优势所在，结合实现政治教育校际协作机制的确立，打破高校间的“隔阂”，通过参与主体的引领，使教育资源达到最优分配和共享。在 1999 年，全国高校和本科、专科院校相继落实了扩大招生的政策，高校大学城不断涌现。在同一城市内，高校在规模与数目上都有不断增长，其空间布局呈现出集中的态势，高校之间的距离非常近，这种客观现实为建立区域性高校联合培养机制带来了许多有利条件。自 2010 年至今，高校的办学观念一直在不断优化，高校之间的合作共赢之举已经被越来越多的教育工作者所认可，资源共享行为也越来越受到重视，高校联合培养机制的创建与完善成为可能。

区域性高校可以将不同高校的思想政治教育专家聚集在一起，共同探讨培养目标、培养模式等。来自各个高校的思想政治教育专家通常都是这个领域中的领头羊，他们不管是在成功教育实践经验方面，还是在思想意识和思想政治理论方面，都要比一般的学科教师更强，因此，由他们一起讨论所制定的培养方案、课程体系和培养模式等，具备一定的可行性，并且可以信赖。据了解，高校之间的互访活动以师生为主，学校每年都会组织校际互访活动。首先，大学思政课教师可以通过听课、参与教学研讨等方式积累教学经验；其次，通过体验其他学校思想政治教育活动，可以观察和感受其他学校学生的学习态度，让学生认识到自己与其他人之间的差距。另外，这类活动的举办，需由政府或各学校给予财政上的支持，并设置专项经费，以使其能有条不紊地进行。

总体而言，文科类院校所开设的文史类专业要比理工类院校的水平更好，特别是在思想政治教育的研究方面，无论是在广度、深度，还是在教学资源的丰富度上都具有显著的优势。在此背景下，拥有显著教育优势的院校应该具备互帮互助的精神，对思想政治教育的教学基础不强的院校进行帮助，共享优秀的教学案例，在教案的设计上提供指导。高校之间共享特色思政课程资源，给各地区的高校带来了更多的便利。就高校来说，应该增设优秀思想政治教育公开课，并把这些课程信息事先传递给各院校内，对参加的学生人数进行统计，并根据讨论实际情况，制定出相应的课程安排。与传统的教育方法相比，网络教育可以突破时间和空间的限制。大学生可以通过网络课堂直播、观看教学视频资料等来获得学习内容。此外，高校也可以建立“官方公众号”，为学生提供思想政治教育的精品课程回放，鼓励他们充分利用碎片时间投入学习之中；安排专人负责优质课堂资源的梳理、统计；鼓励教师在各高校任职，鼓励高校学分互认、课程互换等。

高校应该根据目前已有的资源和现实的需要，邀请业界的专家学者来进行学术交流，分享自己的科研成果，解答师生的疑惑。通过与业界的专家面对面地沟通，学生可以从中感受到大师的魅力，不仅可以拓宽学生的眼界，增加他们的知识储备量，还能激发学生对这门课程的兴趣。

第二节　高校思政协同育人的运行机制

人文教育有三个要点：推动人文知识传播；推动价值体系的确立；实现对精神世界的打造。科学教育和人文教育在适应范围和作用上都有各自的特点，若能将二者结合起来，可以使高校的教育内容更加充实。同理，若能将科学教育和人文教育中的思想政治教育资源提炼出来，以协同育人互补机制的方式，推动二者的融合，就可以获得与期望相一致的实施效果，提高学生科学知识量，进一步加强其科学精神，帮助个体健康成长和全面发展。

一、高校思想政治教育协同育人的跨界融合机制

高校应该具备创新教育理念意识，强化理工类院校和文史类院校之间的联系，推动科学精神和人文精神的融合。高校要提高高素质人才的数量和质量，就需要具备全局观念，要充实专业的内涵，打破文科和理科的界限。在文史类专业基础上开设基础科学教育课程，以达到普及科学知识和科学精神的目的；强化理工专业中的人文学科建设，促进科学精神和人文精神的不断渗透。

在大学教育中，要注意构建和健全渗透机制。首先，建立人文教育向科学教育的渗透机制，采用课堂讲授和潜移默化相结合的方式，把人文知识、人生价值与理想等知识传授给理工科的学生，使他们的思想道德修养和意识得到最大程度的提升。同时，各高校还应该根据自身的需求，主动邀请文史类院校的教师和理工类院校的专业教师进行相互交流，共同分享自己的教育经验和授课心得，通过“互通有无”，让理工类院校专业教师更好地理解思想政治教育，更好地掌握人文知识，培养自己的责任意识，从而给学生带来耳濡目染的影响。另外，在文史类院校的协助下，理工类院校应该开设人文素养的课程，给理工科学子一个更好的人文知识学习环境，让他们亲身体会到人文气息的特征和作用。其次，要完成科学教育向人文教育渗透的机制。例如，将科学教育课程纳入文史类院校，以充实学生的科学知识储备，还可以邀请理工类院校的专业教师，对科学概念、注意事项等展开分析，并进行全方位的讲解。

对学生来说，随着科学知识的积累增加，他们的认知能力、解决问题的能力和改造世界的能力将不断提高，在不干扰正常教学节奏的情况下，文史类院校可以与理工类院校合作，为学生提供参加科学实验的机会，让他们真正体会到科学实验的严谨性与一丝不苟的科学精神。文史类院校在与理工类院校达成一致的情况下，邀请科学家或在科学研究道路上有一定

成就的学者，为学生组织各种专题讲座，让他们感受到科学文化的独特魅力，努力培养他们对科学的兴趣。在学生的发展过程中，科学教育和人文教育的重要性是相等的，不可有所偏颇。高校应该将科学教育和人文教育融合起来，要求学生兼顾科学文化知识的学习，同时要强化他们的人文精神，这样可以让他们从不同的视角来审视自己，通过对自身局限的超越，寻求自身存在价值，从而达到健康发展。

高校思想政治教育是高校各项教育活动的中心环节。思想政治教育的发起与持续开展是一件很有难度的事情，它需要在政府的领导下，获得社会各界的支持，当学校、家庭和社会能够齐心合作，将各育人要素进行整合，思想政治教育所具有的主动性、针对性、时效性才有可能发生变化。为此，高校应该重点关注两个方面的工作：一是对各类有利的教育因素进行获取、分析和应用，二是建立和完善大学生思想政治教育协同育人校外联动机制。高校与家庭教育和社会教育相比，它作为一个专门的教育机构，在教育经验、教育资源、教育成果等方面都具有优势。首先，按照主次原则，将思想政治教育理论课程改革作为重点，对传统思想政治教育理论课程的存在价值和实践意义进行分析，以拓展现行的课程体系适用范围，对现行的教育教学手段进行了优化，使其不脱离实际。其次，拓展教育途径，积极探讨新育人模式，累积育人经验，提高大学生的思想道德素质，提高其自身科学文化水平。最后，坚持以实际为基础，充分挖掘思想政治教育队伍的内部潜能，既要发挥思想政治理论课教师、辅导员以及班主任的主体力量，又要充分利用校外教育资源。

从理论上讲，高校学生的品格和思想政治理论素养与他们所受的家庭教育有关。所以，有必要将家庭教育融入思想政治教育的协同育人机制中去。宗教教育中的家风对学生的影响是最明显的。家风是一个家庭经过数代人的努力，形成与思想行为有关的文化沉淀，它是先辈遗留下来的一笔文化财富。家风教育具有润物细无声的作用，可以在不知不觉中矫正学生的行为，提高其辨别能力，形成正确的价值观。在父母方面，应该重视构建和谐家风，积极投入大学生思想政治教育活动中，让学生拥有独立自主、团结互助的精神。首先，父母应该身体力行，给学生树立良好表率。

父母优良的品质和行为方式是影响学生成长的主要因素。其次，父母要注意构建民主、和谐、自由的家庭环境。在一个轻松愉快的家庭环境中，可以让学生培养出敢于将自己的意见表达出来，并积极地与家长进行沟通的好习惯，同时还对其健全人格的形成有所帮助。最后，重视建立校园与家庭间的沟通机制。

社会是一座无言的校园，也是一个巨大的染缸。社会应该积极弘扬正能量，并重视对公众的正面引导。不得不说，社会上确实存在着许多的不文明现象，但也有许多的正能量，他们有着极强的献身精神，可以舍己救人；他们坚守着自己的信念，为实现中国梦添砖加瓦，作出自己的贡献。将这些先进人物、感人事迹融入高校思想政治教育中，既可以丰富教育素材，调动起学生的学习热情，也有利于加强已有的教育成果。

目前，在进行思想政治教育的过程中，要从整体的角度来看，对已有的资源进行合理利用，同时要推动产学研联动育人机制的健全。高校要树立适应时代发展的理念，要敢于打破陈规，突破传统思想的桎梏，树立“大学术”观。在这一观点中，教学和科研都是学术的一种具体表现形式，科研应该为教学服务，高校要将最新的科研结果与教学相融合，从而为教学实践的开展打下坚实的基础，并为教学实践活动的开展提供理论指导。大学生毕业后将踏入社会，开始他们的职业生涯。这时，高校思想政治教育就需要立足于企业的视角，促进大学生具有良好的职业精神、道德和素养。例如，质量观念、竞争意识等。高校要将这些精神观念逐步融入思想政治教育等核心理念中去，并注意拓宽学生的思想政治教育渠道。在学校应为学生配备校内企业导师，为其指点迷津，通过组织优秀员工交流活动，鼓励学生积极参加，加强对学生的职业意识教育。

通常情况下，在传统思想政治教育中，人们习惯选择以面对面的交流形式来进行教育内容的宣导和传递。这样的教育方法可以让教育者能够及时地掌握受教育者的思想变化，从而对教学内容进行优化，对教学模式进行调整，使教学结果与期望相一致。但面对面地交流，会受到时间和空间的限制，最重要的是，教学资源有限。随着互联网技术的发展和应用，网络教育成为一种新的教学模式，大量应用于大学生的思想政治教育活动中。由于互联网的资源种类繁多，因此需要对其进行筛选，剔除掉那些虚假和消极的信息资源，以免造成不良的效果。为此，要重视线上与线下教育活动的结合，并立足于此，开展好思想政治教育工作，从而达到 1+1>2 的教育实施效果。

二、高校思想政治教育协同育人的纵向贯通机制

高校在开设思想政治理论课时，应把师生面对面的授课方式作为一种首选，以达到教育内容的精确传递。在此基础上，进一步推进课堂教学模式的多样化发展，并在教学活动中充分运用各种体验式教学手段，充分发挥其作用。在线下思想政治教育辐射不到的领域，或者是其优势不显著的领域，要将线上教育的优势有效地利用起来。高校应该始终坚持自己的初心，并派专门人员负责建立思想政治教育主题网站，充实网站的内容，定期发布优秀人物事迹、具有积极引导效果的图片及视频等，以此来促进文明与正义精神的传播。除此之外，利用电子平台，可以为教师与其他教育者进行有效沟通、大学生进行即时交流提供一个网络空间，让他们可以自由畅谈，表达自己的看法。线上思想政治教育活动的开启，可以帮助高校及学科教师在短时间内全面掌握学生的思想动态及意识观点，这为后续教育工作的优化提供了必要的参考。激励有利于提高思想政治教育的有效性，使被激励者达到一个良好的状态，进而提高学校目前的教育水平。高校应该重视创建并健全激励机制，充分调动教育者和受教育者的积极性，从而在推动协同育人目标实现的同时，取得事半功倍的效果。

人的需要，在总体上可分为两类：一类是物质需要，另一类是精神需要。而激励又是围绕着物质和精神进行的。高校在建立健全物质和精神结合的激励机制时，要注意三点：首先，实现物质激励和精神激励的协调发展。货币及实物奖励为最常用的物质激励方式，表彰和荣誉头衔为主要的精神激励表现形式。客观地说，物质激励与精神激励都具有各自的优势和不足，将二者有机地结合起来，方能达到理想的成效。其次，从实际出发，不断改进激励方法。激励方法应该符合现实条件和目标需要，而不考

虑现实条件地随意选择激励方式，很容易起到事与愿违的效果。另外，还应该注意激励方式多元化，创新性地发展，防止一成不变。最后，要掌握好激励的强度，尽量降低激励过度或激励不足的现象发生，不然很容易影响到教育者或受教育者的参与热情和积极性。除了教育客体之外，激励机制的适用对象还有教育主体，做到两者兼顾。这是因为，教育是主体与客体的集合，二者缺一不可。

如果仅仅是对教育主体进行激励，那么尽管教育主体的教育热情会大大增加，但却不一定能够获得理想的教育效果。若仅仅对教学对象进行激励，而忽视了教学主体的积极性，教学成效也不可能得到质变。所以，应把教育的主客体统一起来，重视二者的融合。只有同时对主客体双方进行激励，二者的积极性才能得到充分的调动。为此，高校要建立一个教育主体激励与教育客体激励相结合的机制。

高校应按照“协同育人”的原则，建立起有效的激励机制，并以此为指导，明确激励措施，立足于思想政治教育协同育人目标，激励教育主体优化其育人水平，重视共享、交流育人经验。此外，要尊重教育主体的各种要求，借助于调查方法，对教育主体的真实需求进行全面了解。除了物质上的需求之外，还应该给教育者带来更多自我能力强化的有利条件。比如说，高校制定一些针对性强和切实可行的激励政策，做到奖人所需，从而调动育人主体工作的积极性，努力实现奖励和惩罚公平，提高奖惩制度的透明性和适用性。随着学校各项激励制度的逐步推行，学校应加大收集、统计与整理信息的力度，为进一步优化激励机制提供更多的参考。

从实践的角度来看，推动高校学生自我激励内容体系的完善，并建立和完善评价指标。例如，教师有意识地将学生的思想政治素质、行为方式等纳入综合评价体系，将其作为评优标准，为制定激励措施提供依据。教育主体要充分尊重学生的主体地位，在某些方面要适度地“放权”，教师应该重视自身的引领作用，在学生解决问题的时候，可以帮助他们进行激励。通过目标激励、格言激励等多种方法的组合运用，培养其奋发向上的意识，塑造更好的自己。

大学生的思想政治教育比较复杂，它是一个由多种要素组成的系统，如果高校要实现思想政治教育系统的育人目标，需要将各个环节结合起来，从而推动保障机制的形成。一般来讲，物质保障机制的组成包括资金、网络平台等，高校思想政治教育活动的开展离不开充足的资金支持。学校要根据思想政治教育发展的需要，准备活动资金。活动资金主要来自地方财政拨款、社会各界的捐助等。只要有了足够的资金，高校政治教育活动就可以顺利地开展，这样可以满足管理、服务、建设等各个环节中的资金需求，从而对思想政治教育的理论研究活动提供帮助，为开展实践活动打下扎实的物质基础。高校应该建立并健全思想政治教育的网络平台，以这一学科的特点和授课规律为基础，建立起专门的教育网站，推出红色文化宣传网页，并设计、开发可以应用到多媒体客户端的智能小程序。当思想政治教育与高校学生的学习习惯相适应后，定会受到欢迎。与此同时，高校也要对计算机网站的制作和维护进行成本核算。高校需要为思想政治教育提供必要的场地，才能顺利开展思想政治教育。例如，专门设置一个心理辅导教室，预留了一个谈心的空间，用一些物品摆设来营造放松舒适的氛围。高校可以设立专门的思想政治教育书籍浏览室，充分利用图书资源，定期安排学生到图书馆进行“熏陶”，充实他们的理论知识储备，增强他们的学习意识。

高校教育工作的开展和组织离不开大学生的思想政治教育工作队伍作业，而这也是思想政治教育不可缺少的推动力量。因此，加强对大学生思想政治教育队伍机制的保障，推动专门人才队伍形成，是其工作的重中之重。学校在选拔队员时，要严格把关，面向社会利用公开招聘等方式广泛吸收优秀人才。同时，还应该注意适当调整队伍结构，建立一支由“老、中、青”相结合的思想政治教育队伍。

在引进和聘用思想政治教育工作者的时候，需要考虑应聘者的学历层次、教育管理和思想政治教育专业背景、政治立场、沟通表达能力、管理实践经验等。高校要利用开展教育培训活动，促进思想政治教育工作者的理论知识水平提升，重视以下具体工作的落实。通过岗前培训活动，不断提高教育者的思想理论水平和专业能力，增强其责任感和荣誉感，并以刚入职教师为培训重点对象，突出思想政治教育经验和管理技能重要性。通过开展这些学习和培训活动，教师可以全面了解前沿学科理论，与其他教师分享教学技能和经验，具备更先进的教学理念，增强其思想政治教育责任意识和育人水平。在年度考核、职务晋级等方面，学校要坚持公平、公正的原则，把教师的思想政治工作结果作为一个重要的参考，从而提升教师的主观能动性，使其能积极投身于思想政治教育实践活动中。

另外，增设专门办事机构，可进一步强化各类育人主体间的相互联系，为协同育人机制良性运行提供新的驱动力量。专门的办事机构承担着以下重任：统一领导高校思想政治教育协同育人工作；从多方面着手，全面负责高校思想政治教育协同育人工作，并且重视维护顶层设计科学性，该机构的成员具体包含了各高校的校党委书记、副校长。他们的具体职责是：站在全局的立场上，同时考虑高校所处的内外部环境，以及高校之间的内在逻辑关系，制定协同育人发展目标、育人方法、评估标准等，落实机制调控方式、机制监督和完善。上述工作的制定与实施，将指明高校协同育人工作的开展方向，并及时纠正与之背离的协同育人理念的行为。高校应该重视建立跨校的思想政治教育工作组，这个组织的主要负责人大多是各个高校的党委副书记，组织的成员则主要是各高校内部的党委书记。思想政治教育校际协同育人工作组要推动各高校之间的联系；协助高校组织各种形式的学术交流活动；要鼓励各高校负责人将协同育人理念及协作意识内化于心，为建立健全协同育人机制打下坚实的基础。

在高校中，应该重视建立联动工作机制，将各种资源整合起来。在实践工作中，高校应该定期组织专题会议，把各个部门之间的协作作为主要的探讨内容，进而推动目前思想政治教育协同育人的效果提升。为了推动高校外部思想政治教育协同育人工作的顺利开展，高校应该根据自身的现有资源，增设相应的组织机构，并负责高校与家庭、企业等不同校外育人主体的沟通合作事项，运用各种手段，推动学校内部和外部教育工作的不断深入，把目前的思想政治教育理论和研究结果传递给校外育人主体，推动现有资源的共享，实现优势互补。

总之，我国学者及教育工作者越来越重视高校学生的思想政治教育机制，其相关的研究活动也不断增多。机制是一个兼有隐性与复杂性特征的独特系统，它在思想政治教育教学规律分析与整理、深入探究思想政治教育的实践意义方面，起到了非常关键的作用。协同育人是当前高校教育教学改革的一个重要内容。协同育人理念所蕴含的合作、互动、分享等观念，为高校解决和研究思想政治教育教学问题带来了新的启示。若高校可以推动协同育人理念与思想政治教育价值之间的融合，这不仅有利于形成大学生思想政治教育协同育人机制，还可以推动该机制适用范围的扩大，并使其具有更强的实践意义。

三、高校思想政治教育协同育人的横向拓展机制

在目前的社会条件下，要推动思想政治教育的协同育人目标实现，对高校来说并非一件容易的事情，需要做好如下工作：以正确的价值观念为指导；根据实际情况，做好顶层设计方案的制定；推动制度保障体系的建立。而后，针对协同育人存在的不足，积极探索出切实可行的育人途径，从而获得事半功倍的效果。人员是思想政治教育活动中的重要构成因素。在思想政治教育协同育人中，人员是主体。以人的存在形态理论作为参照，将多种主体都纳入其中，要想真正做到全员育人，就应将个体要素整合起来，构建社会整体系统，完成协同育人全新格局的构筑。

参照多元主体相应职能，可将多元主体分为管理主体、实施主体、接受主体、支持主体四类。管理主体主要包括党政与共青团干部。在党委的引领和支持下，党政干部要对思想政治教育协同育人工作组织建设，以及具体工作的实施进行规划落实；共青团干部是后备力量，他们的主要职责是辅助党政干部及相关工作的实施。在协同育人的过程中，党政和共青团干部应该重视主体职能的凸显，理解并尊重合作成员的选择权、参与权。在协同育人的过程中，通过班主任、辅导员等实施主体，运用民主协商的方式，将所有参与成员的工作积极性都调动起来。在思想政治教育过程中，教师起到了主导作用，应该始终遵循育人规律，推动协同育人向着健康、积极的方向发展，及时纠正其他成员的“违规”行为。教师和辅导人员应该贯彻重本弃末的原则，探索学生成长规律，了解他们的内心想法，

对他们的不良行为和错误观念进行纠正，推动思想政治教育协同育人的目标实现。

接受主体是学生，在思想政治教育协同育人活动中，学生是服务的对象。通过这项活动有条不紊地开展，既能有效激发学生潜在的主观能动性，也能改善其思想政治素质。支持主体主要有财务、后勤人员等。在育人过程中，支持主体应彰显自身专业技能、体现敬业精神，潜移默化地影响学生，努力为高校协同育人的整体工作提供保障。

在集体中，人们的整体性和联合性可以得到最大限度的展现。在实际生活中，人从来不是孤立存在的，而是与他人有着紧密的联系，是群体中的一部分，以人与人之间的关联为基础，逐渐建立起一种比较稳定的社会关系。通过现有的分析来看，高校思想政治教育协同育人活动也是一项群体性活动，并得到了多元主体的支持。在和谐群体关系中，需要多元主体共同努力：首先，需要统一追求目标。高校思想政治教育协同育人主体都有各自的“子目标”，并为此而努力。在社会主流价值观的引导下，多元主体之间应通过相互交流，产生情感上的共鸣，从而推动价值上的认同，确立互利共赢的目标，促进高校的人才培育活动的顺利进行。其次，统一活动规范。高校开展的思想政治教育协同育人活动，并不是凭空想象的，而是一种“有原则”的活动，需要凝聚多元主体的力量，以必要的法律条例和行业规范为准则，才能防止出现混乱。最后，提高多元主体的统一行动力。在互动环节中，要充分尊重多元主体的诉求，充分发挥其主体性与能动性，不断优化思想政治教育协同育人理念所具有的公信力、知名度。

高校思想政治教育协同育人是一件大工程，为了提高多元主体的存在价值和积极性，应推动构建多元主体之间的协同合作综合机制。一是构建领导机制。高校党委是高校的思想政治教育工作的核心领导，它直接关系到教育工作的成效。为此，要在党委的统领下，对顶层设计进行必要地优化，全面规划总体战略布局。党委应倡导各方主体之间的有效联动。二是建立协调机制。挖掘每一个主体的主观能动性，确定他们的位置，适当地调节每个主体之间的内部逻辑关系，以实现个体和群体的能动性融合。三是建立健全保障机制。在高校开设的思想政治教育协同育人工作中，需要保障的要素是人力、物力和财力。高校和多元主体应该坚持未雨绸缪的原则，积极争取地方专项资金、社会各界力量捐赠等，尽量做到资源共享。与此同时，还应以物质和精神的双重激励来加强育人主体的参与意识，从而使其职能和积极影响得以充分发挥。四是制定合理的评估机制。建立专门的评估中心，通过观察法、问卷调查法等多种途径，提高对协同育人的了解，并做出客观的评价。五是建立健全的监管机制。根据实际情况，建立督导小组，了解各方的想法，对存在的问题进行梳理和解决，促使各主体协同关系得以有序推进。在高校里，多元主体应有全面发展的认识，把协同育人观念融入各项工作中去。

部门协同应该立足于全局，从宏观的视角来推动思想政治教育协同育人工作目标的实现。而高校是参与主体中的重要成员，要切实贯彻校长责任制，实现党委和行政共同努力，推动层级式部门管理体系的形成。

在部门协同方面，需要各个部门利用各自职能来体现，从而构建友好、合作的育人关系，为创建部门协同育人体系奠定基础，把帮助学生健康成长作为一切工作的最终目标，达到部门协同。在思想政治教育工作过程中，高校的各学院、教辅及直属部门等都起着重要的作用，都具备一定的职能。各学院在思想政治教育协同育人工作中扮演着执行者的角色，负责具体工作的实施，收集信息并对其进行分析，最后将结果反馈到管理部门；教辅和直属单位既充当着支持者又充当着执行者的角色，为思想教育工作的顺利开展提供大量的资源，宣传协同理念和活动。不同部门有不同的职责，各部门要兼顾自身职能的履行与思想政治教育工作，加强与其他部门的合作关系。

至于组织部与人事部，则要落实好两个部门的考核事项；后勤和心理指导中心，要加强协作行为的规范化发展；对于学生处、科研处来说，更要竭尽全力做好协作的学业建设工作。从思想政治教育协同育人工作的要求出发，深度理解立德树人的内涵，以此为基本任务，调动各个部门的协作意识，推动凝聚力与向心力的形成，为培育中国特色社会主义新青年而努力。重视激励和奖惩制度的制定与实施，充分挖掘部门工作者的内在潜能，提高工作效能。与此同时，不断对部门整合度进行优化，并加强部门工作人员的合作意识，为各部门协同育人活动的顺利开展打下良好的基础。充分发挥各部门的育人职能，整合现有资源，强化组织设计，满足高校发展战略的需要。

从协同理论中的伺服原理（基于协同控制理论的一种控制方法）可以看出，部门协同实际上是各变量发挥作用，推动协作由无序转变为有序。这里的变量是指部门结构、部门利益等。所以，按照客观要求，构建跨部门协同育人综合机制，需要对已有的变量进行充分的了解，通过积累量来达到质变。

首先，通过剖析各部门的组织结构，继续加强领导机制。通过部门领导机制，实现协同育人目标，并坚持与时俱进的原则，改进滞后的高校教育体制和管理体制，建立互动型“整体性网络”，增设部门协同工作委员会。一般情况下，由校党委办公室负责提出部门协同工作，接受高校教职员工和学生代表大会的审核，在通过后，确定部门的日常工作内容。

其次，成立部门协同育人工作小组，对协同机制进行优化。从结构层面来看，部门协同育人工作小组成员由各部门负责人担任，主要职责是协调各个部门的工作，将思想政治教育协同育人理念与实践活动有机结合起来，提高部门的协作效率，降低工作时间的浪费现象。此外，育人小组还应该定期举行主题会议，就目前存在的问题进行探讨，制定有针对性的改进方案。

再次，构建部门协同育人监督小组，不断完善监督机制。每个部门的地位和职能不同，客观存在的不平衡性会对工作目标的达成产生一定的影响。增设监督小组是为了排查协同育人工作中的问题，掌握部门人员的工作情况，全面、及时了解和解决部门衔接中的各种突发状况。

最后，建立跨部门协同育人评估小组，不断完善评估机制。对监督小组和协同育人工作小组来说，除了本职工作之外，还要对前期设计、中期落实和后期反馈进行评估，并对工作人员的思想状态进行评估。在协同育人工作中，有效的评估是提高工作效率、优化作业成果的一大利器。部门协同工作委员会、协同育人工作小组、监督小组及评估小组陆续形成，对各个部门统一发展方向有所帮助，可以真正达到和谐民主和自由育人的环境，为部门协同工作提供了保障。随着部门间的合作意识加强，合作深度提高，以及部门工作人员的职业素养的改善，部门协同育人的整体性网络必然会得到优化。

第三节　高校思政协同育人的实践机制

一、高校思想政治教育以跨学科协同育人为导向

无论是专业课程、党课，还是思想政治理论课程，都具有育人和育德的功能，这是三者的共同特点。三门课程在办学方向和政治追求上存在着“同向性”，在马克思主义的立场、观点和方式上都表现出了高度的认同。三门课程都含有道德教育的内容，都具备了思想政治教育功能，但它们之间的具体作用差异较大。首先，对于思想政治教育协同育人来说，思想政治理论是育人的主要途径，在探究与弘扬马克思主义理论价值方面有着明显的优势。其次，在开设各种专业课的同时，可以提高学生的专业理论知识储备量、业务技能等。例如，在学习经济学课程的时候，对于常见的经济现象，学生可以做出正确的分析。通过哲学社会科学课程可以极大地提高学生的人文素养。最后，通过党课的学习，学生的思想道德水平能够得到进一步的提升。通过分析各种课程，探索其特点，挖掘出隐藏在学科间的思想政治教育资源，有助于实现协同目标。

“专业思政”和“课程思政”在理论上都是一种新的教育理念，并不是简单地把多门思政课放在一起，而是从整体上对其主要内容进行梳理，深入挖掘其所蕴含的德育内容，推动显性和隐性教育的有机融合，自觉地把价值观教育融入专业知识中，从而实现“润物细无声”的教育效果。课程思政、专业思政的发展，有利于体现课程协同育人的统一思想和信念。

首先，所有的课程都要以帮助大学生的全面发展为己任。加强对课程内德育资源的协同整合力度，突出道德规范，在教师的引导和鼓励下，引导学生树立正确的社会主义核心价值观。其次，在融合课程内容的过程

中，要坚持规范性的原则。在此基础上，应始终坚持马克思主义理论指导，对现存的问题进行分析。同时，要注意科学性和开放性原则并行。既要遵循教育的基本规律，尊重学生的身心特点，倡导灵活融合，提高内容的科学适应性；还要注意营造一个开放的环境，并融入与时俱进的原则，做到因时而新，优化课程融合方式。最后，注重融合行为的全面实施。推动主动性的体现，立足于现实，不断对融合内容进行融合，推动知识体系的形成，用新内容来打破学生的固有认知，传递新思想、新观念；促进主动性体现，对学生的个性与不同群体的追求、发展原则进行深入解读，为其提供个性化或者是量身定制的内容服务，满足他们的内在需求；促进时效性彰显，在将课程内容进行整合的时候，要直面客观存在的公共性问题，实施相关举措来进行规避，并为学生解决问题提供正确思路。

在已有成功实践经验的基础上，推进高校课程思政体系形成，需要综合考虑以下内容：首先，要充分发挥出高校党委的政治核心作用。组建“课程思政”的指导小组，着重强调课程改革中的顶层设计，为课程的融合以及融合效果改善打下基础。其次，推动课程系统机制的构建。在这一过程中，要始终坚持思想政治理论课的核心位置，积极地对多种教学方法进行探索，将思政理论课的显性价值展现在教师和学生的面前；并根据协同学“支配原理”，不断完善党课与专业课程的育人功能，扩大党课辐射范围、教育面，强化党课内容的考核。

另外，要充实专科课程的学习内容，开展特色育人活动。结合考虑课程融合特点，构建监督和评价机制，成立课程监督评价小组，再借助“头脑风暴”的方式，对课程协同方案的可行性进行评估，梳理出课程协同不适宜之处，做出适当的调整。形成课程思政体系，防止课程向“孤岛化”方向发展，提高课程的融合程度，降低课程趋同现象；不断加深各种课程学术研究活动的纵深度，充实各科的授课内容，拓宽现有的教学方法，推动各课程德育价值体现，突出课程特色。

思想政治教育平台协同育人将推动立德树人目标的实现。对于高校来说，应该重视各种小平台，例如第一课堂、第二课堂（社会实践等）、第三课堂（互联网）等。以高校为大的平台，鼓励小平台协助大平台，凝聚合力，给学生创造一个和谐、民主的育人环境，推动他们的全面发展。第一课堂存在价值主要通过知识传授和转化来体现，能够为教育活动举办提供必要的空间；第二课堂是对第一课堂的补充，为受教育者验证所学知识提供了必要条件；第三课堂是第一课堂与第二课堂的补充，有利于信息的收集、分析和传递，使已有的信息资源得到最大程度的利用。通过以上课堂的合作与联动，课堂能够提升校园文化，实现平台协同。

第一、二、三课堂都有“育人”功能，三者融合，可以为校园育人带来更大的支持。首先，第一课堂是既具备社会化特点，又具备个性化特点的教育活动。教师是教育者，学生是受教育者。教师将以学生提出的思想道德需求为依据，满足其社会思想道德要求，将课堂互动作为载体，推动互教性与自教性相统一。通过教师引导与学生自查自省，可以大幅提高学生的思想道德素养。其次，在第二课堂中，可以通过社会实践活动来检验学生知识应用的能力。通过支教助教、社会组织等活动，提高学生的参与积极性，进而更新自我认知，指导学生的实践活动，这样循环下去，学生的社会实践经验定会逐年增多。最后，第三课堂有利于培养学生互联网思维。互联网具有绝对开放性、共享性等特征，它可以为知识传递和共享提供切实可行的路径，同时还可以加强育人功能。就高校来说，在创建校园文化的时候，也需要借助以上平台的助力。为此，高校应重视三个课堂的育人功能，在构建校园文化的过程中，积极打造平台协同育人路径。

从“木桶原理”来看，第一、二、三课堂都有其自身的不足。唯有三个课堂的协同联动，才能减弱薄弱环节所带来的不利影响。对此，在推动平台育人功能发挥时，应将线上与线下融合、课上与课下融合，统一协同育人目标。坚持立德树人，以促进学生全面发展为己任，理顺“两联动”之间的影响关系，不断优化高校思政课教育资源，让正能量充满校园。“两联动”要求借鉴现行的体制、规范等，提高对高校思想政治教育发展动向的了解，积极构建契合高校发展的“两联动”共在模式。并在此基础上，以制度规范实施来推动联动作业行为的有序进行，找到主要矛盾，从而妥善解决问题。另外，加强“两联动”的行动能力。通过开展各种联动活动，充分调动学生和教师的参与积极性，推动思想政治教育知识的相互融通，从而在互动过程中，推动实现协同目标。此外，围绕目标，改善制度规范，提炼“两联动”中的积极要素，强化学生的行动能力，构建出和谐、包容的平台育人生态。

二、高校思想政治教育搭建协同育人平台

平台协同育人是一种利用系统的手段，将各个要素融合到协同活动中，利用信息资源共享的方式，来降低信息孤岛和潜在风险的出现。这时，平台协同育人综合机制应该关注自身存在价值的体现。首先，重视建立健全的领导机制，坚持高校党委领导，加强顶层设计，完成线上线下、课上课下联动活动的管理。利用计算机辅助协作工作技术，建立学术研究的交流平台，建立教学策略的交流平台，等等。不断增加交流窗口，推动传统与新型教育方式的互动协作，使学生高效活动更加丰富多彩。此项技术的运用，增加了高校文化建设成果优化的可能性，图书馆、高校文化广场公共场所能被充分利用。与此同时，要实现以文育人，集聚资源，开始构建校园主题网站，并使其具有思想性、服务性和知识性。

通过资源共享、增加资金投入力度，为平台联动的持续创造多种有利条件。在联动环节中，应该按照防患于未然的原则，为参与主体提供保护，防止他们的合法权益受到侵犯，为联动过程的顺利展开打下坚实的基础。另外，建立评价机制。针对效果不佳的平台，找到成因，提出改进方案。同时，实现监督机制的建立。在联动环节中，不正确的观念、不良行为都是客观存在的。为了降低其出现的概率，有必要对其进行严格监管。对不和谐、不合理之处，应适时反馈，提出意见，以现有法规作为参照，摒弃不良文化，打击不良精神意志，不断改善育人环境。要想实现平台协同，还需要坚持初心，把握好课堂这个主渠道，与社会实践活动相结合，以互联网为基础，优化校园文化建设效果，赞颂真善美，贬斥假丑恶。

概括来说，就是要从整体上看待高校思想政治教育协同育人工作，要整合学校已有的教育资源，协同各方教育力量，不断地丰富教育的渠道和方式，为思想政治教育协同育人创造出切实可行的路径，同时还要重视综

合机制的形成，从而提升思想政治教育的效果。

在思想政治教育协同育人机制中，目前最重要的是，促进保障机制作用发挥，强化机制的监管。在此过程中，既要适当地调整机制，交换信息资源，又要使其更加稳定和独立。从理论上讲，育人机制的总体设计环节是从最高层面出发对其进行统筹规划。从其实质上讲，整体设计的目的是达到机制的优化。一般而言，整体设计工作是由下列步骤完成的。

首先，要明确高校协同育人的机制，做出整体规划。总体设计规划环节是整个机制运营阶段中的首要任务，也是思想政治教育协同育人机制重要的内部动力。总体规划基于全局，部署现有因素和资源，以推动协同育人目标的实现。总体规划应该起到引导的作用，指导机制发展寻找正确的方向，并与各参与主体的需要相匹配。且这一规划需要有典型针对性，推动各参与主体融合，以达到对各种教育资源的了解和最优分配。

其次，对高校协同育人的实施过程进行严格控制。过程实施是机制运营阶段的核心所在，直接关系到机制的发展状况和机制实用性的体现。不过，判断机制是否存在问题，并不是看机制是否能顺利运行。同样的，如果机制在运行中出现了问题，经过适当的调整就能重新运转起来，这并不代表机制中存在问题。就高校来说，在过程实施环节，需要把各参与主体的衔接和融入放在重点工作上。通常，衔接包含两重含义：各参与机制的彼此间的接触、各参与主体的新旧育人转变。融合也有内外之分：各参与主体与外界环境之间的融合、各参与主体内部融合。

再次，重视信息的反馈与数据的收集。在高校协同育人机制中，反馈及收集环节对其运行状况的检测与判断起着不可忽视的作用。从机制上讲，反馈和收集既可以是总体上的宏观感受，也可以是微观上的数据化体现。数据为实现教学目标、评价教学效果等提供了重要参考，是教学评价指标体系中必不可少的资料。作用于协同育人机制的评价指标需要兼顾教育主体的契合度、教育对象的任意度、教学实践效果的优化程度。

最后，从实际出发，对高校协同育人机制进行调整。在机制运行的过程中，适时调整环节属于最后一步，它多出现在反馈收集之后，这有利于提高思想政治教育协同育人机制的持续性与适用性。

教书育人，这是一种传承数千年的教育理念。随着时间的推移和社会的发展，传统教育理念已经无法适应现代社会的需求，迫切需要变革。例如，根据社会经济的需要，建立新的供给关系。供给是人才和知识理论的供给，其目的在于推动社会经济的发展。思想政治教育的协同育人理念是一种创新性育人实践活动，由于其与教育事业的发展相适应，走上了繁荣发展的道路，其实践意义可以通过跨地域、跨制度性、跨学科性等方式来体现。

当前，高校需不断推进马克思主义和中国实际的融合，创新协同育人实践经验和理论。可以将其看作文化渗透或者培训创新，从实质上讲，协同育人理念得到了合理应用。从实践经验中可以看出，理论的演化与发展离不开制度的支持。高校思想政治教育协同育人机制应具备系统性和发展性的特点。高校据此推断，教书育人的协同理念相当于传统理念向协同育人理念的有效转变，这是一种创新。科研育人所拥有的存在价值和实践意义可以通过科研成果，转化为育人理念和育人资源和能力，并得以呈现，进而推动育人思维的突破性发展，提高育人的创新动力。

从创新的视角出发，协同育人要面向未来，积极探索可循环的发展方式，增设专业学科发展研究机构，推动各学科之间的互相渗透。利用互联网和新媒体的优势，加快科研传播的速度，扩大科研辐射的覆盖面，降低传播的成本。实践育人的协同发展，就是协同机制在满足资源分配需求的前提下，做出的实践性操作。这种实践是在机制平台的基础上开展的，旨在培养与时代发展相适应，拥有马克思主义实践观的人才，在实践育人活动中，首先要建立起协同机制，搭建好主题类协同平台，随着主题实践活动的不断深入，推进育人目的实现。主题实践活动并不是空想，要注重培养学生的实践操作能力，强化学生的参与积极性，整合当前组织资源，将其视为协同育人机制必不可少的补充。

自创业热以来，高校、企业、国家都对大学生创业给予了一定的帮助，这就是实践育人的一个具体体现，同时也有利于学生、学校、企业和社会的协调发展。在协同育人机制中，各个要素之间既具有各自的独立性，又相互影响。资源配置是指资源在横向层面的共享，成果分享是指成果在校内外的分享。对现代高校来说，它担负着培养双重人才的责任，所谓双重，就是人才既可以进行理论知识的学习，又具备较强的实践意识和实践能力。高校应该积极地打破专业课程与思想政治课程之间的壁垒，不断弱化专业知识与文化积累之间的差异，避免“重考试、轻综合素质”等现象。除此之外，高校还应该重视对思想政治工作服务育人协同中心的设立和安排，为服务育人提供一站式育人体系，集合高校、政府和社会的力量，对现行的协同育人模式进行创新。

目前，高校的学生管理工作是通过学生工作部来开展的，由其出面对全校学生管理工作进行规划，然后通过校级、院级系统管理模式，明确学科教师与辅导员的具体职责。这种管理模式有着协同育人机制的中介性、开放性特征。从内外部角度来看，它聚集了师资团队、党团队伍、社会和校际等相关主体，在相互沟通与合作中，要确定协同育人的契合点，并根据协同实践经验对其进行适当的调整，深化认同。

三、高校思想政治教育协同育人的探索

一般而言，高校思想政治教育协同育人机制的过程控制是围绕机制展开的，以其运作状态为依据，进行合理管控或调整，对思想政治教育者和教育对象之间的沟通进行深入的分析。通过分析、梳理，可以发现存在于高校思想政治教育协同育人环节中的主动性因素，是与各参与主体有一定关系的诱发因素。其中包括参与主体本身的影响因素、目标及内容等因素。这种因素是指参与高校思想政治教育的主体，根据自己的具体表现，对协同育人机制产生的实际影响。

随着时代的变化，思想政治教育的覆盖面越来越广，教育内容也越来越丰富，可以实现全方位、全过程的育人。在思想政治教育协同育人环节中，各参与主体表现出来的素质、奉献意识等都会对其产生直接的影响，这些因素又会对参与主体的主观性产生影响。在此，主观性包括了教育态度和认知水平等，这些都是参与主体联动的影响因素。主观性因素以主体协同关系为基础，考虑各参与主体的内在动机，进而影响其他联动因素。

在分析参与主体原始动机时，首先要明确育人的目的。很明显，这是一种目标性驱动要素，唯有在确定了育人的目的之后，才能开始对机制进行建构。虽然每个参与主体的育人目的都有各自的特色，但只要在总体上表现出相同的特点就可以了。同样，由于最初的动机作用，每个参与主体所选择的育人方式和内容也是不同的。这是因为每个参与主体的自我发展是可持续的追求，它既可以对自己产生影响，也可以引起联动效应。

在高校思想政治教育协同育人环节中，被动性因素就是外在因素。外部因素的产生机制与社会发展背景、方针政策和科学技术等密切相关。从目前的协同机制发展情况可以看出，该机制的需要是直接影响协同育人的主要被动性因素。从其实质上来说，建立和完善协同机制属于典型的社会实践类活动，这种事物有一定的存在价值，可以用需求度来表现。从进一步分析来看，需求越大，思想政治教育协同育人受到的积极影响就越大，反之亦然。高校思想政治教育协同机制会受到其所处社会发展水平的影响。从整体上讲，在教育水平与社会发展之间存在正相关关联。

从人才储备量、教育具有的社会地位及城市化发展水平等方面，可以体现社会发展水平所具有的具体影响。随着社会发展程度不断提高，协同育人机制所受到的积极影响不断扩大，反之亦然。思想政治教育不是一门新的学科，而是传统教学内容。但是，随着科学技术的飞速发展，思想政治教育并没有被淘汰，其发展和演进与科学水平有关。从当前的情况来看，传统教育模式已经无法适用，需要引入科技手段。其实，思想政治教育协同育人机制也会随着科技水平的发展而发展。政策发布可以为思想政治教育协同育人机制指明发展方向，为宏观环境、经济性政策机制等提供一些借鉴或者是保障。对于机制来说，它的构筑、运行和完善等都要以政策为指导，唯有将政策举措完全贯彻执行，机制才有可能稳步发展进入良性循环。

只有在有组织保障的条件下，高校思想政治教育协同育人机制才能有效运行。高校党委能够拉近各育人主体之间的关系，增强他们之间的联系，从而推动思想政治教育协同育人机制的运行。在党委的统一领导下，可以有效地控制总体发展方向。所以，要坚决贯彻这个方针策略，肯定党委的存在价值。从理论上讲，作为高校党委，一方面要牢牢地把握自己的领导权，另一方面要明确高校的办学方向，凝聚力量，使高校成为建设社会主义的重要推动力。在基层党组织方面，要充分发挥其表率作用，不断完善高校党组织建设，真正做到为人民服务，提高自己的实力，努力提高效率、减少浪费。党员要面向广大教师和学生群体，积极发动群众，加强管理，将党委的统一领导工作落实到位。从实践的层面来看，高校党委采取专事专办的原则，并与思想政治教育协同育人机制所需相结合，完成专门机构设置，全面实施一体化、一贯式统筹管理，以大局为重，对机制进行科学管理，并在校内、校外和校际三个层面上，明确协同育人的主体、育人内容等。运用观察法、问卷调查等多种方法，对机制的运行效果进行控制，并做出客观地评估，制定机制的优化方案，完善督查机制。如果一个专门为协同育人服务的机构，可以为其提供专业指导，并给出切实可行的改善方案，则育人机制很容易取得事半功倍的效果。

在高校中，思想政治教育职能部门包括宣传部、学工处等。这些部门主要负责管理和处理学生事务，并承担了开展实践活动、拓宽学生学习途径等重要任务。在思想政治教育协同育人机制中，上述各部门应密切配合，共同努力，积极参与到协同育人机制的构建和完善工作中，从而推动协同效益的形成。从教学实践来看，思想政治教育理论课属于第一课堂，而宣传部等部门为学生组织的实践活动则属于第二课堂，在此基础上，要注意开展多种形式的学校文化活动，开展实践互促。

这些组织的组建，可以进一步充实育人信息交流平台。建立一个良好的平台，不但可以为各教育主体提供一个重要的互联互通途径，还可以帮助各教育主体进行平等对话，促进学校、家庭和社会进入自由交流状态。重要的是，还可以调动校外育人主体的参与积极性，让他们更容易了解育人机制运作现状，增强学校内部和外部育人主体之间的联系，实现双向沟通，做到优势互补。

除此之外，还需要构建好校际思想政治教育协同育人平台，强化各个高校之间的交流，利用主题会议的举办、学术交流活动的开展等方式，更好地发挥校际协同育人的作用。建立协同育人机制时，需要充足的经费支持。根据当前育人机制发展情况，各参与主体需要对资金缺口进行梳理。唯有在经费充足、符合客观需要的情况下，才能为推行育人机制的管理工作以及今后的建设打下坚实的基础。经费的来源分为高校设置的专门资金、地方政府给予的拨款、社会捐赠三种。随着电子和信息技术的发展，信息化的时代已经来临。在新时期，高校在思想政治教育协同育人途径的选择上，拥有了更大的空间，不受传统课堂教育的束缚，可以建立思想政治教育网站和多媒体客户端，针对学生的需求，传播思想。

为心理咨询室提供场地支持，并以专业的心理咨询室为参照，增加专业设备，调整物品陈设，强化对心理咨询功能的宣传，保护学生隐私。通过定期举办思想政治教育相关的专题讲座和各种实践活动，加强教学场地的保证与“供应”。在高校思想政治教育中，教师既是组织者，也是具体执行者。为此，高校需重视对师资队伍的建设。构建高素质、高质量的教师队伍，将对高校思想政治教育协同机制产生积极作用。采取公开招聘的方法选拔队员，不仅要严格审核学历、专业、个体工作实践经验等硬性条件，还要重点考察应聘者的软实力，比如，语言表达能力、组织沟通能力等，旨在为高校思想政治教育队伍输送出更多的优秀人才，持续优化队伍结构。

首先，要做好思想政治教育工作者的示范教育。一般来讲，示范教育属于职业教育，它是每个教育工作者的专业出发点，关系到职业生涯的根基。高质量的示范教育可以提高教育工作者的理论知识储备。其次，给新教师做好入职指导，邀请行业内资深人员给他们进行短期的培训，让他们能够更快地进入角色。再次，加强在职教师的思想政治教育教学管理及培训。在不打乱日常工作节奏的情况下，通过开展专题讲座、培训活动等，拓宽其眼界，优化其教育理念，引导其自查自省，提高其思想政治教育水平。最后，在学校的年终考评和教师的职称评定过程中，有意识地融入思想政治教育成果，从而有效地激发广大教师的积极性。就高校来说，要建设一支高素质的师资队伍，就要提高对教师的要求。

教师应该做到明道、信道，努力成为一位具有丰富理论知识储备量的传播者。面向学生承担指路人的责任，以身作则。这样的思想教育不是一朝一夕就能完成的，需要从大学生开始，确定思想政治教育点，把培养学生党团干部当作一件大事来做；充分肯定思想政治教育工作者的地位，努力创造良好的就职环境。以当前的时代背景为基础，身为新时期的思想政治教育工作者，应做到四个统一，即坚持言传和身教相统一，坚持潜心问道和关注社会相统一，坚持学术自由和学术规范相统一，坚持教书和育人相统一，真正做到以德立学、以德施教、以德立身①。

总的来说，从现有的对高校思想政治教育协同育人路径的研究中可以看出，高校思想政治协同育人是各要素全方位的协同。要实现高校思想政治教育协同育人，并不是一件容易的事情，需要符合如下几个先决条件：思想统一、制度体系确立以及育人环境的建设等。在此基础上，高校思想政治教育协同育人目标探索实施路径为：主体角色赋能，对所有的关系进行梳理；推动部门特殊职能发挥，形成通力关系；挖掘课程的共同特性，努力实现课程思政；突出平台个性，实现取长补短；以各要素协同关系为基础，促使综合机制的构建，充分发挥人员、课程、部门、平台的作用。要实现高校思想政治教育协同育人目标，是一个循序渐进的持续发展过程，要在具体实践过程中，不断实践和探索，最终达到发展的目的。

第四节　协同育人与高校思想政治教育的关系

一、教育主体

在高校思想政治教育工作开展过程中，承担着主动教育责任的行为主体，就是教育主体。根据主体所对应的不同领域，可以将其分为校外主体和校内主体两种。校内主体指的是在高校中负责进行思想政治教育的教师和部门，比如，思想政治课理论教师、辅导员等；校外主体指的是那些在高校之外，积极承担着思想政治教育职责的个体和组织，比如，专家学者、校外学科的领军人物等。

① 王清义．立德树人高校党建工作理论与实践［M］．北京：人民出版社，2017.

二、教育客体

教育客体指的是在高校思想政治教育过程中，教育主体所面向的育人对象。这里的教育客体主要指的是高校在校的本科生。从一定意义上来说，在推动构建协同育人机制开展的过程中，客体配合程度决定了机制运行的效率，并且还与思想政治育人质量有关。因此，要最大限度地调动教育客体的积极性，提高教育客体的主观能动性，并对学生的主体地位给予充分的尊重，建立一套完善的制度体系，对教育主体进行有效激励，使其能够更好地履行自己的职责，逐步将外部的推动力量转化为促进大学生自身发展的力量，从而引导他们进行自我教育，充分利用团体的作用，引导大学生就思想政治教育相关内容发表自己的看法，从而使学生的思想政治素养得到最大程度的提高。

思想政治教育是推动人类进步与发展的一种重要手段，也是实现个人价值的一种重要途径，它伴随着社会个体的生存发展变化而存在并更新①。从价值诉求的层面而言，思想政治教育的目的是可以提高学生的综合发展水平。在思想政治教育协同育人机制的建设发展中，提倡在满足人的发展诉求基础上，与协同育人的发展思路相结合，以达到一种和谐平衡。因此，在推动高校思想政治教育工作前行的同时，要贯彻协同育人的发展理念，在指导人学生形成科学的思想政治品德方面起到重要作用，这对促进高校思想政治教育实效水平的提高具有现实意义。

（一）协同育人立足思想政治教育整体

国务院印发的《关于进一步加强和改进新形势下高校宣传思想工作的意见》着重指出，在新的发展阶段，高校宣传工作开展要遵循“齐抓共管，形成合力”的原则，重点是着力建立全员、全过程、全方位育人的格

① 曾长秋，银红玉．马克思主义需要理论视域下的思想政治教育价值探究［J］．思想教育研究，2013（5）：13-16.

局，形成教书育人、实践育人、科研育人、管理育人、服务育人长效机制①。协同发展理念，就是保障在维持自身优势的前提下，使思想政治教育系统可以增强不同子系统要素的相互关联。当前，站在我国思想政治教育协同育人发展环境来看，仍有提升空间，各主体之间的发展合力有待强化。这一合力并不只是指机械的合作，在协同发展理论中，主体在一个相同的理念和制度框架中，可以实现对结构内的资源整合，从而达到对结构绩效的提升。

（二）协同育人优化思想政治教育过程

当前，高校学生的思想政治理论教育主要以思想政治理论课教学的形式进行。但为了进一步提高大学生对思想政治理论教育的系统掌握，单纯依靠理论课教学很难实现预定的培养目标。根据马克思主义理论，一切事物都具有普遍的联系。从思想政治教育理论授课的途径来看，不仅可以在理论课中讲授，还可以在其他学科中讲授。当前，学校主要是根据学生所选择的专业，进行有针对性的专业教学，思想政治学科的特殊性，决定了它可以与其他学科的教学有机融合。换言之，可以通过相对隐性的手段，对学生的思想政治理念进行潜移默化的教育，提高教学资源的整体使用效率，从而促进思想政治教育协同育人机制体系的建设。

（三）协同育人理念强化思想政治教育功能

在高校实施思想政治品德教育工作中，要牢固树立协同育人的理念。在思想政治教育协同育人过程中，尊重学生的主体地位。人的本质不是单个人所具有的抽象物，在其现实性上，它是一切社会关系的总和②。可见，人的社会本质属性涉及精神属性和物质属性两个不同层面。加强大学生道德教育，就是提高人们的社会属性，引导人们建立正确的价值观，从而促进社会主义现代化建设，这种观念与思想政治教育协同育人理念有一定的相似性。增强大学生的价值观念，不是一朝一夕就能实现的，这是一个漫

① 冯刚. 改革开放以来高校思想政治教育发展史［M］. 北京：人民出版社，2018.

② 马克思，恩格斯. 马克思恩格斯全集：第1卷［M］. 北京：人民出版社，1972.

长的过程。协同育人理念重视在高校思想政治教育过程中，通过协同各方来影响学生，并根据该群体对思想政治教育的接受程度，促使学生产生“内驱力”，形成对思想政治教育的认同。

（四）协同育人模式突出思想政治教育特点

思想政治教育协同育人模式具有全过程、全员性、全方位的特点。高校学生的思想道德素养提高是由多种因素共同作用的结果。仅仅依靠学校教育，难以培养出符合社会发展需要的人才，与社会发展脱节的教育，就像是没有任何实用性的空中楼阁。在当前的教育实践中，各教育主体之间的联系、学生家庭与学校教育的联系、不同思想政治教育部门之间的联系都有待强化。以协同育人机制为依托，整合教育资源，充分利用教育整体合力，保障在各育人环节都能体现出思想政治教育，提高教育教学质量。唯有如此，才能提高学生的思想政治品德。

要提高高校思想政治教育工作的实效，就要实施协同育人。思想政治教育的实效性，主要指的是其方法的可操作性、在实践中的可行性以及产生良好效果的可靠性①。要想切实提高高校思想政治教育的实效性，就需要处理好高校内部育人主体及高校外部育人主体之间的协同关系。首先，协同育人可以体现为思想政治教育系统的整体协同性特点。在实施协同育人过程中，教育主体、教育客体、教育载体、客观环境等是其中的关键，加强各要素之间的联系与交流，才能获得最佳的育人效果。除此之外，在高校思想政治教育的实施中，教育主体是其第一个要素，与管理机构、后勤机构等部门有关，在整个协同中扮演着主导性的作用。教育客体，也就是受教育者，他们能否自觉地接收教育信息，并及时进行反馈，将会对教育实效性的开展产生决定作用。教育载体是教育主体与教育客体之间沟通交流的桥梁和纽带，涉及教学方式、教学目的等。教育环境是指除教育要素之外，所有对受教育全体有影响的外部因素的总和。因此，在对高校思想政治教育质量进行评估时，各系统要素是否能协同起着决定性影响。高校的目的在于利用协同育人机制，提高学生的整体素质，最大程度地开发

---

① 张耀灿，徐志远．现代思想政治教育学科论［M］．武汉：湖北人民出版社，2003.

好学校内外的优质教育资源，在交流和沟通的过程中，提高教育的实效性水平。

协同育人可以有效地利用教育载体，促进系统育人模式的构建。从开放发展的视角来看待，伴随着社会发展环境的持续变化，系统主体与系统客体怎样才能与发展实际相结合，来推动思想政治教育工作的建设，在促进教育实效性发展中起到了至关重要的作用。协同育人可以对不同的教学方法进行有效应用，创新育人模式，充分发挥教育载体的作用，尊重不同学生群体的差异，提高教育教学资源的利用率，从而推动高校思想政治工作的有序发展。“思政课程”从字面上讲，指的是思想政治理论课程。高校所进行的思想政治教育，主要是指社会将既定的思想理论和道德规范有计划、有步骤地传授给社会成员，让他们在正确理念的指引下进行各项社会实践活动，人处于实践活动当中的主体地位。上海市委于 2014 年提出“课程思政”这一概念，它包含了许多与思想政治教育相关的元素，即把思想政治理论知识和理想追求等与高校课程相结合，通过对知识的学习，接受思想政治理论的熏陶，使学生的言行举止变得更为规范。二者在概念上的相同点：都以思想政治教育元素为连接纽带；根本目的都是育人；都重视价值理念的导向功能。因此，只有把“思政课程”与“课程思政”相结合，才能在高校中真正实现协同育人。

这两者的概念在解读上并非一脉相承，在教学中所表现出来的侧重也各不相同。就其实质而言，二者所具有的育人理念可以达到较高的一致性。从理论上讲，两者都应以“育人”为核心，使学生的人格得到完善，使他们成为全面发展的综合型人才，不管是“思政课程”还是“课程思政”，其育人的根本宗旨与灵魂思想，可以用“才为德之资，德为才之帅”来概括。

高校教育的基本宗旨是为祖国培育社会主义接班人，这是一个长远而艰巨的任务，单靠“思政课程”是远远不够的，要在全社会营造浓厚的思想政治氛围，把人才培养工作与德育工作内容有机地结合起来，最大限度地发挥“课程思政”的作用。“课程思政”的长足发展，最主要的原因在于其能够思想、人才“双育”的效果，可以思考各课程的融合，使学生成为德才兼备的优秀人才。从这一点上说，“课程思政”与“思政课程”是相通的，二者的融合契机是科学、合理的，而且具有辩证统一性。

“思政课程”教学内容以马克思主义思想与社会主义理论为主，旨在培养学生多维度、全方位的思维方法，从而引导实践，凸显协同育人的优势。“课程思政”将思想政治教育的基本内容融入专业课的教学中，并将其运用到各种实践活动中，引导学生的思想，从而改善和优化其行动。实际上，任何一种教育活动，其基本目的都在于如何更好地立德树人。二者都将培养马克思主义者作为主要目标，在这方面，思想政治教育元素将起到非常重要的指导作用，尽管采取的方式和方法不尽相同，但归根结底都是要更好地教书育人。同时，通过两种育人功能的相互融合，可以促进理论向实践转化，使学生体会到马克思主义在指导实践中的作用和魅力，从而提高了他们的学习兴趣。在高校专业课程中，融入具有文化自信和品德修养内容的思想政治教育工作，既能够发挥“课程思政”的育人作用，又能够发挥“思政课程”的育人作用，两者之间优势互补，凸显出显性和隐性两种教育特点，从而为学生今后的发展奠定坚实的思想基础。

当今世界，已经步入快速发展时期，人们的生活水平大大提高，无论是思想还是行为都发生了很大的变化。在此背景下，传统的“思政课程”的教学模式已无法满足时代发展的需要，也无法适应当代学生的学习特点。此外，目前一些高校中的大学生或多或少都有一些思想问题，而这些问题的解决，都离不开思想政治教育的引导。在“课程思政”的推动下，“思政课程”本身的不足能够得到弥补，高校教师和学生能够携手合作，探讨如何进行思政课改革，并根据时代特征不断进行创新，从而培育出全面发展的各类人才。从这一点上讲，正是因为时代的发展，才使得“课程思政”与“思政课程”之间协同具有更大的可能性。

高校的思想政治理论课即“思政课”，它的教学内容主要包括两个部分：理论性教学、实践教学。教育部颁布的《普通高校思想政治理论课建设体系创新计划》，将实践教学纳入目前的思政课体系中，认为这是与课堂教学相辅相成的新型教育体系。这就为高校思想政治教育与实践教学融合奠定了良好的基础。所谓的协同效应最开始应用于企业管理中，是指企业从生产环节到销售、管理等各层面，以最大限度地利用资源为基础，所起到的积极效应。

高校思政实践教学的内容很多，无论是学校、家庭还是社会都包括在内，涵盖了学生的各个学习阶段，高校中的教师和学科都是实践教学的一部分。因此，在思政课教学中，要充分发挥政府、社会和家庭的作用，强化协同，有效配置资源，对处在“拔节孕穗期”的大学生进行思想教育。在此过程中，社会各界都有相应的职责，因此，我们要有共同的价值观，正确引导思想政治实践教学工作的开展，培养大学生成为德智体美劳全面发展的社会主义接班人。实际上，从某种程度上讲，思政课实践教学是协同育人的一种拓展与延伸，坚持“立德树人”是其根本宗旨和目标。因此，在实践的过程中，要始终坚守马克思主义的价值观，坚守以人为本的立场，一切从实际出发，要用辩证的思维和眼光去看问题，建立共建、共享的价值体系。

思政课的教学要将学生的需求放在核心位置，要与时代发展的现实相联系，跟上时代的发展趋势，用理论来指导实践，在实践过程中对理论进行升华。因此，思政课实践教学要与现实生活密切相关，让学生在现实中对群众有更深的了解，从而更好地为人民服务。

只有在现实生活中，始终做到实事求是，在社会发展的潮流中，高校大学生才能真正地抓住时代脉搏，归纳并总结出时代发展的理论成果，从而更好地成为社会主义接班人。因此，在具体的教学过程中，必须坚决反对历史的虚无主义，始终坚持用辩证的思维去思考和看待问题。实际上，历史研究就是对历史发展的全面、深刻总结。顺应历史发展潮流，了解历史发展的全貌。历史辩证法并不是以偏概全、以片面代替全面，而是用全面的眼光来看待问题，不能篡改或隐藏历史。研究历史具有很强的严肃性，要坚持以史为据，对各种历史事件、人物等进行综合分析和研究，才能看清历史的真相。

我国应当在教学实践中，用更正确的态度引导学生不断前进，打破形而上学思维的桎梏，用辩证唯物主义的观点来看待历史，客观地分析历史与现实中的问题，从而准确把握时代的发展脉络。只有在伟大的思想的指导下，才能获得伟大的革命胜利。无论是时代变迁，或是变革革命，任何一种跨越和发展，都需要有伟大的思想来引领。解放思想的范围越大，取得的成就越大，发展也越大。当前，我国社会正处于伟大变革之中，我们要积极解放思想，争取更大的发展和进步。在思政课教学中，教师应指导学生进行自我批判与创新，敢于看到自己的不足，从而实现自我超越。因为只有做到了自我解放，社会的发展才会更有动力。这里的自我解放指的是自我方法论的解放和世界观的解放。实际上，一切的解放最终都是一种自我革命精神的体现，它是在马克思主义理论指导下的自我完善和提高。

在这一时期，要构建社会主义和谐社会，就要遵循共建共享的原则。在建设社会主义市场经济体系的进程中，将更加凸显出“共建共享”的特征。当前阶段，应主要关注两个方面：一是要保障合法竞争，防止合法收益被侵害；二是有效控制市场弊端的出现，保障市场的正常运行，在全社会范围内推广共建共享理念。具体到高校协同育人工作中，通过共建共享，可以提高大学生的爱国主义情怀，也可以在全社会范围内进行资源的最优分配，调动更多的积极因素，为社会主义建设事业的发展作出贡献。

第三章　高校“课程思政”与“思政课程”协同育人研究

第一节　课程思政与思政课程的内涵

一、课程思政与思政课程的内涵与特征

（一）课程思政的内涵与特征

1. 课程思政的内涵

作为一种教育理念的课程思政，最早诞生于上海。对于课程思政的内涵，学界众说纷纭。王学位等人认为课程思政是在各门课程之中，融入具有思想政治教育的理论知识、精神追求等思想政治教育元素，在不知不觉中，影响学生的思想观念和行为。陆道坤认为，课程思政就是在整个课程教学过程中融入思想政治教育，把“隐性思政”的功能与“显性思政”——思想政治理论课结合起来，形成全课程育人的格局①。“课程思政”是从国家意识形态的角度出发，把思想政治教育的元素渗透到教育教学的每一个环节和每一个方面，寻求专业课程和思政课程的内在联系，从而达到知识传授和价值引导的统一，进而在不知不觉中完成立德树人

① 陆道坤．课程思政推行中若干核心问题及解决思路——基于专业课程思政的探讨［J］．思想理论教育，2018（03）．

任务。

从本质上说，它是一种教育理念，而非一门课程。其基本内涵是：高校开设的所有课程，都具备了传授知识、培养才能、进行思想政治教育的功能，并肩负着培养大学生世界观、人生观、价值观的作用。在课程设置上，应以思想政治教育为重要教学目标，有意识地在专业知识授课过程中进行价值引领。课程思政属于一种隐形的思想政治教育，它要求对其他学科课程中所蕴藏的思想政治教育元素进行深入地挖掘，将思想政治教育贯穿于高校教育教学整个过程，润物细无声，为国家发展培养高质量人才。

2. 课程思政的特征

（1）育人性。要将立德树人作为高校思想政治工作的核心环节，将思想政治工作渗透到教育教学活动的各个方面，做到全程育人、全方位育人。“师者，传道授业解惑也。”一名出色的教师，应当是“经师”与“人师”的结合体，不仅要善于“授业”“解惑”，更要将“传道”作为自己的职责和使命。教师在为学生解答问题的过程中，还应当对学生进行良好的品德教育。一个人的专业知识技能不管有多优秀，如果没有坚定的政治立场和优良的品德，也是废材。品德是一个人最根本的东西，教师肩负着教书育人的职责，立德树人与每个教师都有着密不可分的关系。提升学生的文化素养和道德素养，光靠思政课是不够的，其他课程也应当重视学生价值观的塑造和引导。在其他课程当中融入思想政治教育元素，在向学生传授知识的过程中，还要重视引导、塑造学生的价值观和品格。课程思政坚持立德树人，为我国建设和发展培育才能和品德兼备的时代新人，因此，其育人性是最明显的特征。

（2）隐蔽性。作为一种隐性教育方式，课程思政有着隐蔽性特点。隐性教育相对于显性教育而言有着其自身的优势。隐性教育不会引起受教育者的排斥，起到“润物细无声”的效果。也许一时看不到明显的效果，但对那些受教育者来说，却有着深刻而长远的影响。相对于思政课而言，课程思政从其所蕴含的科学精神、爱国主义精神等方面，引领着大学生的思想价值观。

从课程德育的层面来看，在实质上，课程德育属于一种隐性德育类型。在非德育课程中，蕴含着丰富的德育资源，运用它来展开思想道德教育，具备隐蔽性、渗透性等特征，这也是在专业课程中开展道德教育的独有优势，在专业课程的教学过程中，将隐藏在其中的科学精神渗透进去，让学生在学习专业知识和技能的过程中，能够感受到科学精神的熏陶。并在潜移默化中对学生的价值观、行为方式产生影响。在西方，人们在进行思想政治教育时，就是采取隐性教育方式，获得了良好的教育效果。课程思政通过其他课程来进行思想政治教育，可以形成思想政治教育氛围，从而对学生产生良好的教育效果。

(3) 人文性。课程教学以教书育人为基本目的，这是一种人文精神的体现。通过对课程中的人文素养元素进行挖掘，课程思政突出了人文精神，体现出其人文性特征。所谓人文精神，就是对人类生命价值和意义的一种探索。真正意义上的教育，不仅仅是传授知识，更要有正确的价值导向。教育要培育的是有家国情怀的人，而不是只顾个人利益的人。其实，由于各门课程的性质不同，因此，课程思政难度也就不同，其人文性程度也就相应地有所差异。课程思政要凸显人文精神，充分发掘人文元素。深入领会立德树人的深刻内涵，将知识教育、信念教育、道德教育有机地融合在一起，充分关怀学生，塑造人文精神。

（二）思政课程的内涵与特征

1. 思政课程的内涵

思政课程也就是高校的思想政治理论课程，是系统科学的对大学生进行马克思主义理论教育，使他们树立正确的价值观，它是思想政治教育的主要途径，是贯彻立德树人根本任务的重要课程，思政课程是向大学生传输政治观念和价值观念的核心课程，肩负着为国家培养能够承担民族复兴大任的新时代人才的重任。思想政治教育是向学生进行社会主义意识形态、马克思主义理论灌输的重要途径，是对学生开展思想教育、政治教育、道德教育的重要载体，有助于塑造学生的良好品格，推动社会主义强国建设。

2. 思政课程的特征

(1) 政治性。思政课程不仅教授普通的学科知识，而且还教授马克思主义基本理论学说。这一学说是对人类发展与进步的规律性认识，是关于怎样进行社会主义建设与发展的学说，与当前中国国情相结合就是中国特色社会主义理论。这个理论即为主流意识形态，是一个国家立国之本和强大的基础。不管什么专业的学生都需要学习它，它涉及为谁培养人，培养怎样的人和如何培养人的问题，以及大学生为谁服务的问题。

开设中国特色社会主义教育，须理直气壮地开设好思政课，用新时代中国特色社会主义思想来铸造灵魂、培育人才，使学生更加坚定中国特色社会主义的道路、理论和制度、文化自信，在坚持与发展中国特色的社会主义、实现中华民族伟大复兴的奋斗的过程中，增强爱国意识，并将爱国情、报国行动自觉融入其中。在思想政治课教学中，要充分体现马克思主义理论和社会主义制度的优越性，使大学生在思想政治课教学中，树立正确的政治方向，对马克思主义、共产主义理论深信不疑，树立为社会主义共产主义事业奋斗终生的理想。因此，具有极强的政治性。

（2）理论性。在我国，高校思想政治理论课肩负着向学生系统传输马克思主义理论的重任，这也是进行思想政治教育的主要途径。思政课主要是对学生进行马克思主义理论知识的教育，引导大学生基于马克思主义的立场和观点，学习如何利用马克思主义的思想和方法来理解问题，并最终找到解决办法。马克思主义是关于世界发展普遍规律的无产阶级理论学说。思想政治课程讲授马克思主义理论，因此，具有理论性。

（3）创新性。思想政治课程应密切关注时事，不能脱离实际，要及时更新教学内容，与时代同步发展。在教学中，既要传达马克思主义理论的最新理念，又要使教学的方式和手段跟上时代的步伐。理论是用来指导实践的，理论需要通过持续地创新，才不至于被时代的发展所淘汰。马克思主义理论具有科学性，因此，在上好思政课的过程中，要将守正创新原则落到实处。一方面，思政课要发挥出自己的引领作用，让教学内容能够得到及时更新，从而提高教学质量，让思想政治教育的传播力和广泛性得以扩大；另一方面，要持续地吸纳思政课建设的新元素，也就是要在适当的时候，将中国特色社会主义的最新实践成果、哲学社会科学发展的最新学术成果等，与思政课的整体教学融合在一起，从而提高思政课程的亲和力和针对性，增强课堂效果和学生满意程度。

二、课程思政与思政课程协同育人的科学内涵

（一）课程思政与思政课程协同育人的内涵

协同的意思是：使两个或更多的不同资源、个体，为达到某一目标协作的能力或者过程。德国物理学家哈肯在1971年首次提出协同的概念，后于1976年对协同理论进行了系统阐述。协同理论认为，整体环境中的每个系统间既有相互影响，也有相互合作的关系。总的来说，协同就是相互合作，互利共赢。

育人指的是推动受教育者的全面发展，提高其整体素养，达到知识传授和价值引领的统一，这两者是无法分离的。每一门课程都要把握好价值引领这个核心，发挥出各自的育人功能。育人工作要求学校各个部门和教师共同参与，做好分工协作。

所谓的协同育人，指的是将各个方面的因素、人员都动员起来，齐心协力，共同努力，合力育人。所以，课程思政与思政课程同向育人就是高校各部门、各教师共同协作，向着协同育人目标努力奋进，最后形成育人合力。思政教师不是一个人在战斗，其他课程的教师也都肩负着教书育人的职责，和思政教师合作，共同育人。在非思政课教育教学中，教师要挖掘专业课程和通识课程中的思想政治教育元素，实现其他课程和思政课之间的有机衔接和互补。

（二）课程思政与思政课程协同育人的特征

1. 整体性

课程思政与思政课协同育人，指的就是让课程思政与思政课统一方向，产生协同效应。整体性体现在人员之间的整体性、育人目标的整体性两个方面。前者需要思政教师与专业课教师共同努力，高校各部门之间也要共同努力，合力育人；后者需要基于立德树人的目标，培育兼具才能和品德的人才。德育和智育是整体人才培养目标，二者不可分离。

2. 协同性

协同性指的是在系统中，各个子系统之间进行协作，从而形成协同效应。协同育人就是教师相互配合，共同克服各种困难，向同一个育人目标前进。教师之间的协同，主要体现在：合作挖掘育人要素，针对在育人过程中出现的问题进行交流合作，实现协同育人的目标。

3. 兼容性

兼容是指在合作过程中，个体之间互相包容，通过协商来解决问题，最后达到一致。兼容性表现为教师间的兼容、课程间的兼容两方面。在前者，教师是具有差异的个体，他们之间有着不同的兴趣爱好、教学风格、问题处理方式等，但教师可以互相包容，合力育人；而在后者，与思政课程相比，其他课程在学科性质和内容上都有很大的不同，但两者有着相同的育人目标，可以互相协调，互相促进，是兼容性的完美体现。

三、课程思政与思政课程协同育人的重大意义

（一）巩固马克思主义在高校意识形态领域的指导地位

新时期高校的课程思政要加强马克思主义在高校意识形态领域中的主导地位。在经济全球化、网络信息发展的今天，各种社会思潮在世界范围内传播、发展，对马克思主义的主导地位构成了挑战。为此，应以“课程思政”为契机，加强马克思主义的话语权，驳斥“新自由主义”“普世价值”等错误思潮，全面巩固马克思主义在高校意识形态领域中的主导地位。

（二）落实立德树人的根本任务

立德树人是高校教育的基本任务，课程思政与思政课程协同育人是实现立德树人目标的重要途径。大学是树立人思想观念、价值观念的重要时期，需要教师进行正确的引导和精心地培育。课程思政与思政课程合力育人，让学生在学习专业知识的过程中，能够建立起正确的思想观念和价值观。通过课程思政发挥协同作用，可以解决思政课程的困境问题，增强思

想政治教育的实效性。课程思政与思政课协同育人，能达到 1+1>2 的效果，真正将铸魂育人、立德树人的根本任务落实到位。

（三）确保社会主义大学培养目标顺利实现

成功的教育要有自己的特点，而不是照搬照抄。无论在古代还是在现代、中国还是外国，每个国家的人才都是根据其自身的政治需要而培养的，世界一流的大学都是在服务自己国家的发展中发展起来的。我国的社会主义教育，就是要为我国培养出社会主义建设者和接班人。教育部等八部门《关于加快构建高校思想政治工作体系的意见》指出，要把新时代中国特色社会主义思想深入到教材、课堂和师生的头脑中，使学生和教师能够更好地了解和理解新时代中国特色社会主义思想。开展理论教育培训，促进理想信念教育的常态化和制度化，加强新中国史、社会主义发展史等历史的学习教育，通过爱国主义、集体主义、社会主义教育在青少年心中埋下制度自信的种子，引导教师和学生树立“四个自信”。

近年来，许多文件都明确指出，高校教育的目的是弘扬社会主义思想、培育社会主义新时代建设者和接班人。我国教育要服务于社会主义制度，服务于社会主义现代化建设事业，始终走社会主义的道路。只有坚定四个自信，才能为中国特色社会主义建设事业培育所需的人才。要在任何时候都坚持社会主义制度，坚持马克思主义在意识形态上的主导地位。思想政治教育要以社会主义办学目标为导向，为我国改革开放和社会主义建设提供人才保障。将思想政治教育元素融入“课程思政”，坚持知识讲授与价值引领相统一，培养社会主义时代新人，以顺利实现社会主义大学的培养目标。

（四）确保育人工作贯穿教育教学全过程

高校要以立德树人为基本宗旨，坚持育人为先，推动学生身心健康发展。这就对课堂质量提出了要求，要确保育人工作与教育教学全过程的融合。教育教学全过程，就是始终围绕育人目标，将知识导向和价值引领相结合的全过程，也就是说，老师应该在教学的时候，弘扬主旋律，讲中国的故事、传播中国的精神。

课程思政是一种隐性的思想政治教育，它可以促进社会主义核心价值观的弘扬，从而达到教学与育人的有机统一。青少年的价值观将直接影响到未来社会的价值取向，而青少年正处于价值观的塑造与确立阶段，因此，抓好这个阶段的价值观培养非常关键。高校要提高课程思政功能的重视度，引导学生在学习专业知识和技能的同时，也要学习如何为人处世，成为内外兼修的时代新人。把课堂教学打造成不但要教会学生知识，更要变成一个铸魂育人的地方，打破教书与育人相分离的现象，达到教书育人的统一。

第二节　课程思政与思政课程协同育人的现状

要想切实推动课程思政与思想课程协同育人的发展，首先要对其当前的实际有所了解。根据笔者多年的教育教学经验，以及当前课程思政和思政课程开展的情况来看，大部分的学生和教师都十分重视思想政治教育课程，这表明他们认识到了思想政治教育的重要性。且绝大部分高校都对课程思政的建设极为关注，这体现了大部分高校很重视课程思政的建设，推进了课程思政的建设，但在课程思政与思政课程建设的效果上，仍有努力的空间。只有了解课程思政与思政课程协同育人的现状，针对成就继续坚持，针对需要完善的地方继续努力，才能做好新时期思想政治教育工作。

一、课程思政与思政课程协同育人取得的成就

（一）课程思政与思政课程协同育人理念初步形成

在课程思政被提出来之后，上海率先开展了课程思政建设工作，奠定了课程思政和思政课程协同育人的基石。各大高校先后开展了思想政治教育的改革，建设课程思政，切实地推进课程思政与思政课程协同育人。

课程思政与思政课程协同育人的理念在高校中生根发芽，高校为推动

课程思政与思政课程工作，也做出了不少的努力。从现实情况来看，大部分的专业课教师能在教育教学中融入价值引领，并伴随着课程思政的不断深入，很多教师都打破了思想政治教育是思政课教师的职责这种传统观念，非思政课教师也逐渐形成了育人理念，尝试将教书和育人有机结合在一起。高校大力推动课程改革，编制思政教材，用思政课程引导课程思政，推动全员育人、全过程育人。在高校已经初步形成了课程思政与思政课程协同育人理念之后，专业课开始与思政融合，专业课教师也与思政课教师协同育人，共同推动了思想政治教育事业的发展。

（二）课程思政与思政课程协同育人格局初步形成

在初步形成了课程思政与思政课程协同育人的理念之后，各高校都开始将这一新的思想政治教育教学理念付诸实践，构建课程思政，促进课程思政与思政课程协同育人，对高校课程思政与思政课程协同育人格局进行了初步建构。

上海是我国最早开始实施的课程思政城市，上海很多高校都积极探索和实践着课程思政与思政课程协同育人。上海大学于2014年率先在全国范围内建立了“大国方略”课程，在上海大学的带动下，其他高校也相继开设了一系列的大国课程。复旦大学充分重视课程思政建设，理论建设和实践建设两手抓。除了四门必修课程，还设置了拓展式的思政课程。例如，《社会主义核心价值观精讲》《当代世界经济与政治》等，复旦大学也十分重视思政教育实践，进行了大量思想政治教育实践活动。在上海中医药大学，张黎声把思想政治教育元素融入《人体解剖课》中，既传授了解剖学的专业知识，又对学生进行了价值引导。通过学习，使学生不仅学到了人体解剖的知识，还对生命产生了更多的敬畏和尊重。该课程具有浓厚的“思政味”，得到了广大师生的普遍认同与好评。上海很多大学都开展了课程思政建设工作，打造了许多课程思政，并已基本达到了课程思政全覆盖。上海的课程思政已经初见成效，全国各地高校也在积极开展这一工作，并取得了良好的效果。

有些高校在课程思政与思政课程协同育人的过程中，已经取得了一些成果，有些教师已经实现了知识讲授与价值引领的统一。这是在线下所获得的成果。目前，随着网络信息技术的发展，在线上也有了思想政治教育平台，通过线上与线下共同推动课程思政与思政课程协同育人。学生可以使用“学习强国”“今日头条”等 App 程序，了解当前社会的时政热点，接受正确的价值观引导。

各高校通过课程思政建设，思政教师与课程思政合力育人，并利用互联网媒介来开展思想政治教育，从而使思政课程对课程思政的主导作用充分发挥出来，为学生开展马克思主义理论教学，既可以提升他们的科学文化知识，也可以提升他们的道德素养。构建课程思政已经取得了良好的效果，初步形成了课程思政与思政课程协同育人的格局。

（三）课程思政与思政课程协同育人实效性初步显现

在各个高校中，课程思政建设已经取得了一定的成效，这为课程思政与思政课程协同育人提供了一个很好的基础，各高校课程思政与思政课程协同育人实效性初步显现。总之，各高校开始重视思想政治教育工作，改革思想政治教育，通过一系列的举措，切实推动了课程思政与思政课程协同育人。

就高校教师而言，多数人已建立起了育人的意识。每个教师都要担负起教学、育人的责任，做到知识传授与价值引领相结合。其他的非思政课教师具备了育人的理念，也开始将理论应用于实践，建设课程思政。在自己所讲授的课程中，不断地进行创造性探索并将思想政治教育元素融入自己的教学当中。同时，部分理工科教师还通过自己的专业课程，引领学生投入到科学研究事业工作中，为国家的发展而努力。比如，哈尔滨工业大学的物理教师任延宇，在教授“分析力学引言”时，就提到了红军的长征精神。他说我国需要大量的人才来推动基础研究水平的提高。不过，这种研究都是需要长期坚持的，不是一蹴而就的。我们国家有不少科学家就有这种长征精神，他们坐得住冷板凳，为我国的科学研究默默奉献。

在传授专业知识的过程中，对学生进行潜移默化地思想政治教育，其教学效果也相对较好。大学生的思维非常活跃，充满了强烈的好奇心，如果对他们进行直接的思想政治教育，很有可能会引发他们的逆反心理，因此，通过对他们进行这种隐性的思想政治教育，可以起到一种润物细无声的效果。在大学中，不仅仅是专业课教师，通识课教师也都已经开始对学生进行思想政治教育，帮助他们树立起正确的价值观，成为品学兼优的时代新人。对于学生的影响，显性思想政治教育与隐性思想政治教育相结合，起到了双管齐下的作用。提高了大学生的专业知识技能、道德素养等。从思想政治教育的角度来看，这推动了其改革和进步，推动了“三全育人”新格局的构建。

二、课程思政与思政课程协同育人的困境

（一）对知识教授与价值引领关系有待深入理解

课程思政知识讲授与价值引领关系的处理一直是一个难点。“价值引领”在第一课堂上是思政教师的责任，在第二课堂则是非思政教师的责任。思政课教师的主要任务不仅仅是讲授思政理论，还要使课程生动、具有感染力，才能真正影响学生。近两年来，少量“网红”教师的思政课受追捧和热议，一方面反映出能引起学生兴趣、讲好思政课的教师不多，另一方面体现了学生对于优秀思政教师的期待。此外，虽然其他课程的教师，在第二课堂有组织大量价值引领、理想信念教育的活动，但在与专业融合度上还有待强化，与思政第一课堂及专业教师的协同互动也有待提高。

非思政课程的教师在具体教育教学过程中，要打破传统观念，不仅要重视专业知识与技能的传授，更要重视价值的引领。在确立育人理念，开展课程思政的同时，也仍需提高自身的马克思主义理论知识理解的水平，才能更好地提高育人效果。同时，教师要立足于现实，将自己所授课程与思想政治课程联系起来，将思想政治教育元素恰当地融入所授课程当中，切实实现知识教授与价值引领的统一。

（二）课程思政建设仍有待进一步强化

思政课程与课程思政协同育人，是二者协同育人，合力育人，相互促进，相互发展。课程思政是个复杂的系统工程，需建立起协同育人的理念和工作机制，整合不同渠道、资源和内容，共同推进，共同发挥作用。在顶层设计和组织工作方面，仍有提升的空间，学校应该将教务处、宣传部等相关职能部门，学生处、研究生工作部等学生工作部门，还有院系党委、专业课老师等多种力量进行整合，让育人从“专人”向“人人”转变，形成育人合力；思政课教师、专业课教师及学生工作部门要强化全员育人、协同育人的观念，意识到对学生开展思想政治教育是每位教师的职责所在；要通过讨论和交流，加强各学科教师的沟通和协作。思政课教师要为专业课教师提供思政教育的理念、资源和方法支持；专业课教师应结合自身的专业特征，为思政教育提供多学科角度和思路，增强思政教育的立体化、丰富性和创新性。思政课教师、专业课教师、学生工作教师等不同的育人队伍，应当开展科研、教研合作，通过跨学科、跨专业的协作，推动课程思政建设，发挥出最大的育人作用。

（三）评价机制有待进一步完善

高等教育评价就是在教育测量的基础上引入高等教育目的和标准，对高等教育工作是否达到目的和标准及其达到的程度作出价值判断，其目的在于为完善高等教育管理提供依据，从而不断提高办学水平和教育质量①。一个科学、有效的评价机制，可以促进课程思政的建设。即使高校积极响应推动课程思政与思政课程协同育人的号召，但评价机制的不健全，会使部分高校教师缺乏建设“课程思政”的内生动力。

为此，要进一步完善评价机制、评价方法。特别是在绩效考核的指标设定方面，既要突出知识传授，又要突出价值引领。一是建立双向评价制度。在教师层面，将教师的知识传授与价值引领相结合的指标，作为课程评价的重点，并将其与教师考核、职称评定等联系起来，以此来推动教师

---

① 刘尧. 中国高等教育评估的问题、对策与发展趋势［J］. 高教发展与评估，2006（06）.

持续完善课程思政的设计和实施；在学生层面上，以学生专业学习的认真程度、专业理想的树立、专业价值观的形成等作为评价指标，将其纳入对学生思想政治道德评价的内容中，构成相互映照的评价体系。在学生奖学金的评定中、研究生推免等环节，应结合其在思想政治课程的学习情况。二是引入第二课堂评价体系。将偏重于价值引领的社会实践、艺术实践等方面的内容，以学分的形式，体现在学生的培养方案中，并逐渐构建出第二课堂评价体系，充分发挥第二课堂育人作用；通过对学生参加社会实践、人文艺术活动的肯定和评价，与第一课堂协同，实现知识传授与价值引领的融合，进而推动评价机制的进一步完善。

三、课程思政与思政课程协同育人困境的原因

（一）课程思政与思政课程协同意识有待强化

1. 高校管理制度方面协同意识有待增强

在高校管理方面，由于思政课老师与专业课老师存在着学科壁垒，因此，这对于课程思政建设而言是一项挑战，也是对高校各部门、各专业教师联动机制的一种考验。在高校中，课程思政与思政课程的协同育人，不仅要求其他课程向思政课程学习靠拢，而且要求思政课程也学习其他课程的科学意识和科学方法。这就需要在实际工作中，高校管理者既重视课程思政的建设，又要关注思政课程向其他课程学习，以进一步增强高校管理制度方面的协同意识。

2. 专业课教师协同意识有待进一步提高

思想政治教育并非仅仅是思政课教师的职责，只有齐心协力，才能真正做好课程思政改革工作。这是当前专业课教师需要明确的，同时，专业课教师要与思政课教师积极展开交流，增强协同育人的意识。

3. 思政课教师协同意识有待进一步增强

一些思政课教师重视对学生的关心和培养，但在推进课程思政与思政课程协同育人工作过程中，仍需强化其协同意识，向其他课程学习。部分高校会通过座谈会的形式来推动专业课教师和思政课教师之间的交流，但

是需要注意的是，这种沟通和学习都需要深化，才能产生协同效应。

只有教师具备了合作协同意识，并对思想政治教育工作的重要性有了充分的认识，课程思政与思政课程才能合力育人，从而提升思想政治教育实效性。高校要注重课程思政与思政课程的协同育人，加强对思想政治教育工作重要性的宣传，引导教师正确认识课程思政的内涵，激发教师的育人意识和协同意识。未来一片光明，而路却是蜿蜒曲折的。高校管理者和各部门要同心协力，共同推动课程思政建设，让教师明白教书育人是每一个教师的职责所在，推动教师对思想政治教育工作的重要性形成正确的认识，拥有协同意识，课程思政与思政课程形成协同效应，为建设中国特色社会主义培养时代新人。

（二）非思政课教师育德素养有待提高

1. 非思政课教师育德意识仍有强化空间

要改变思想政治教育是思政课教师的任务的观念，并非一件易事，这需要长期的坚持。改变非思政课教师的传统观念，加深其对“课程思政”的内涵的正确理解，强化其德育意识，明确专业知识讲授与价值引领相统一的重要性，使其认识到教书和育人是不能分离的。尤其是在自觉育人意识上，需要进一步强化，促进教师与学生的有效沟通、交流，才能进一步提高教育教学成效与育人效果。

2. 非思政课教师育德能力有待提高

“课程思政”的主要功能之一，就是要将马克思主义理论、中国特色哲学社会科学理念渗透到整个专业教学过程中，这是以思政课为中心，绘制的育人“同心圆”，让其他课程与思政课同向同行的关键。由于非思政课教师并非马克思主义理论专业的，因此他们没有进行过系统的马克思主义培养，他们对某些马克思主义理论的概念并不十分明晰，他们的马克思主义理论学科素养仍有强化的空间。

另外，一些教师的人文素养也有提升的空间，只有在拥有较好的人文储备之后，才能很好地实现知识讲授与价值引领的统一。现以理工科教师为例，若一位理工科教师拥有丰富的专业知识储备，但缺少了基本的人文素养，在对思想政治教育元素进行挖掘方面，缺乏足够的能力，那么，他就只能看到较为显著的思想政治教育元素，而无法找到并发掘出其中隐藏的思想政治教育元素，缺少将其与学科有机融合的能力，将思想政治教育元素融入课堂方式不恰当，则不仅会影响育人效果，还会造成教学效果不尽如人意。

（三）课程思想政治教育元素有待充分挖掘

在每一门课程中，都蕴含着丰富的“课程思政”元素，有待人们去发掘、探索。在非思政课中，存在着许多的思想政治教育元素，这些元素能够启发人的智慧、思维，有助于人建立起正确的政治信仰，形成社会责任感和历史使命感。课程思政就是要挖掘出这些隐藏的思想政治教育宝藏，去教育、感染、影响学生。相对于思政课，课程思政的隐性思想政治教育方式不受学生的抗拒，可以获得更好的思想政治教育效果。

高校开展思想政治教育的途径以思想政治理论课为主，这种方式在调动学生积极性上有限。高校的课程除思想政治理论课以外，还包括专业课、综合素养课程。在高校中，大部分的课程都是专业课，而专业课教师和学生之间的交流也是最多的，所以在育人上，专业课教师更有时间上的优势。但实际上，思想政治教育仍有需要完善和改进的地方。

1. 挖掘元素有待深化

在自身课程中挖掘思想政治教育资源还有待深化，需要深入理解课程思政的内涵，不能生搬硬套。且需要明确的是，思想政治教育并不局限于马克思主义理论，所有能够体现出思想政治教育理念和作用的理论资源都是可以融入课堂教学当中的。课程思政是一种隐性的思想政治教育，它能在潜移默化中影响学生的价值观，因此，应该自然地将“思政之盐溶于课程之汤”中。

2. 挖掘元素应根据学科性质和特点灵活处理

对思想政治教育元素的挖掘，应当与本学科的性质和特征相匹配，寻找本课程与思想政治教育之间的切入点和共同点，而不是仅仅为了思政而思政。任何一门课程都有其自己的性质与特征，因此，挖掘思想政治教育元素要因课而异。哲学社会类课程具有较强的意识形态属性，应着重对其进行挖掘。自然科学类课程应从科学精神、责任意识入手。需要指出的是，由于不同的学科具有不同的特点，在进行思想政治教育元素挖掘的时候，要采取灵活多样的方式进行处理。各课程中所蕴含的思政元素在数量上是不同的，不能要求挖掘程度一样。在实际的教育教学过程中，教师要正确定位知识能力与情感态度价值观的教学目标，既要重视学生专业知识技能的培养，也要体现情感态度的价值观。

（四）协同育人机制有待健全

1. 课程思政教师的培训制度有待完善

在开展课程思政前，需对教师进行相关的培训。当前，我国各高校需建立健全课程思政教师的培训机制。只有构建好了课程思政培训机制，教师在实施课程思政教学前，才能对课程思政有一个基本的认识，知道怎样进行课程思政教学，从而更好、更有效地育人。

2. 沟通交流机制有待完善

建立起学科教师之间的沟通渠道和机制，加强教师之间的交流，可以有效地促进协同育人，形成育人合力。建设课程思政需要加强课程思政教师与思政教师之间的交流。课程思政教师之间也需要加强交流。这就需要有沟通渠道和沟通机制，保障交流的顺畅开展，才能促进协同育人。

3. 监督机制和奖惩制度有待健全

从我国高校目前思政建设现状、学科教师与教师之间的沟通协作现状、教师课程思政的教学状况来看，需建立健全监督机制与奖惩制度。对那些在课程思政建设中获得良好成效的教师，可以适当地进行表扬和奖励，这对激发教师的育人积极性很有帮助。如果教师工作态度不端正，可以给予一定的惩罚。唯有构建与之相适应的监督机制和奖罚制度，才能保障课程思政和思政课程的顺利开展，从而推动协同育人。

此外，要实现课程思政与思政课程协同育人，要靠高校各部门、各学科教师每个人的共同努力，要建立健全的协同育人机制来推进。社会、家庭与学校的思想政治教育应协调，建立大思政格局。

第三节　促进课程思政与思政课程协同育人的举措

一、妥善处理课程思政与思政课程之间的关系

（一）明确课程思政内涵

课程思政和思政课程各自具有自己的特色、优势。要想正确处理好两者的关系，首先要把握好课程思政的内涵。课程思政不同于思政课程，它们有各自的侧重点。课程思政侧重于对大学生价值观的引领，思政课程侧重于对大学生进行理论灌输系统化的思想政治教育理论讲授。课程思政是一种教育理念，将思想政治教育元素融入所有的课程中，从而加强对学生的意识和价值观引导。具体来说，就是所谓的思政课程的外围课程或拓展课，这是对校内课程思政的课程定位，并且要认识到，课程思政并不仅限于学校，它还可以作为一座连接校内和校外思想政治教育的桥梁。在学校内部形成育人合力，对推进“三全育人”① 具有重要意义。

（二）坚持思政课程的引领作用

思政课程是进行思想政治教育的重要方式，在推动课程思政与思政课程同向育人的过程中，应当始终坚持思政课程的引领作用。作为传播马克思主义理论的重要方式，思想政治教育有着鲜明的意识形态特性，在推进协同育人工作时，必须占据主导性位置。思政课程是高校立德树人的重要组成部分，是培养社会主义建设者和接班人的灵魂课程，所以它应该是整个教学体系的核心。思政课程要充分地起到领航的作用，要对中央的大政方针、文件政策进行及时地学习，并能跟上时代步伐，对思想政治教育内容进行及时地更新。思政课程要坚持社会主义办学方向，巩固马克思主义的指导地位，坚持正确的政治导向。在经济全球化、互联网信息技术发达

① 三全育人即全员育人、全程育人、全方位育人。

的今天，人们接收信息变得更加便捷，同时也更易被一些不良思想所影响。马克思主义话语权受到了冲击，这对新时代高校思想政治教育工作来说，是一项严峻的挑战，亟待通过课程思政与思政课程合力育人，共同推进“三全育人”局面的构建。

一方面，思政课程应引领课程思政的政治方向。虽然学术自由，但绝对不能触碰政治红线。学术研究无禁区，课堂讲授有纪律。对西方意识形态的演变要保持高度的警觉。思政课程是思想政治教育的主要途径，要引领课程思政始终保持在正确的政治方向上，始终坚持社会主义办学性质。如果没有明确的政治导向，就可能导致教书不育人，从而与课程思政本意相背离。同向是同行的先决条件，思政课程应充分利用自己的优势与功能，为课程思政指明政治方向。另一方面，思政课程要引领课程思政的育人理念。不管是思政课程还是课程思政，其根本目的还是育人。作为社会主义性质的大学，我国高校应该培养的是社会主义建设者。课程思政要培育学生社会主义核心价值观，增强学生的“四个自信”、对中国特色社会主义制度的认同感、对建设社会主义强国的使命感和责任感。

（三）发挥课程思政的协同作用

思政课程对国家认同、理论认同、制度认同，以及思政课程的核心引领作用进行了积极的阐述；而课程思政则从侧面进行了回应，重视对学生价值观的引导，发挥课程思政的协同作用。

一方面，要进一步强化党的全面领导。围绕高校课程思政建设，强化各项工作的指导。高校党委要整合各方的资源和力量，强化高校课程思政建设，实现课程思政与思政课程相互配合。针对当前高校思想政治建设中存在的问题进行剖析，提出相应的对策。另一方面，教师应发挥主导作用。教师要增强育人意识，提高育人能力。深化对课程思政的认识和了解，借鉴课程思政建设的成功做法，并与思政教师加强沟通。以本学科性质为基础，深度挖掘思想政治教育元素，建设课程思政，达到知识讲授与价值引领的统一。

二、建设高素质教师队伍

（一）充实思政课教师队伍

要想确保思想教学的质量，首先要有足够的高校思政课教师数量。每位教师的精力都是有限的，他们要管理的班级、学生太多，教学任务繁重，就必然会对其育人积极性和育人质量造成一定的影响。《新时代高等学校思想政治理论课教师队伍建设规定》中指出，高校应当在本专科学生、研究生在校生数量的基础上，达到至少 1∶350 的师生比例，核定专业思政课教师岗位。

在一段时间的努力后，整体规模已经达到了这个比例。尽管国家作出了规定，但有些地方和学校由于经费的原因，无法配足思政课教师。这就需要教育部加大对思想政治教育的投入力度，高校应在有足够经费的前提下，配备足够的思政课师资。在选择和聘用思想政治教育教师时，要严格选择，招聘那些热爱教育事业，有丰富专业知识，品行端正的优秀教师。要加紧培育一大批立场坚定，理论基础扎实，实践经验丰富的马克思主义研究者，特别是一大批年轻的马克思主义者。为高校思政课教师队伍储备人才，开展马克思主义培养工程，强化集中教育与培养。除此之外，还可以从各个领域，比如教学名师、企业高管等领域，引入一些优秀的人才，作为模范，对学生进行教育和引领。

（二）提升教师队伍的育人意识

1. 提高教师的认识

高校应加强对思想政治教育的宣传工作，提高教师对课程思政与思政课程协同育人的认识。思想政治教育是一项关系到国家前途命运的意识形态工作，因此，是不能松懈的。要加强马克思主义理论教育，提高教师对思想政治教育重要性的认识，只有从思想上重视，才能干好思想政治教育工作。

2. 贯彻立德树人意识

高校的基本使命是立德树人，我国高校的性质是社会主义大学，为社会主义建设和发展培育人才。一个好的教师要以“传道”为首要任务，而不是仅仅答疑解惑而不传道。高校应强化教师的理想信念，使教师形成立德树人的意识，在教育教学中既传授知识，又充当灯塔，指引学生前行。

3. 加强师德师风建设

教育部等八部门《关于加快构建高校思想政治工作体系的意见》中，明确了要贯彻《新时代高校教师职业行为十项准则》，坚持执行师德“一票否决制”，加大对失德教师的处罚力度，使师德建设成为常态。作为一名合格的教师，要有良好的职业操守和道德品质。教师只有热爱教学，才能愿意奉献。要强化教师的师德师风教育，增强教师的责任意识和使命担当。在新时代背景下，高校应当传达教师应具备的职业道德和基本素质。宣传国家的教育政策方针，推动高校对协同育人的重视。要调动教师的育人积极性，不辜负人民的期望，不断提升其职业素质和道德修养。做到教书与育人的有机统一，培养出有德行、有才能的时代新人，为祖国的繁荣昌盛作出贡献。

（三）增强教师队伍的育人能力

1. 政治要强

也就是要有坚定的政治立场，要时刻保持头脑清醒，尤其是在面对人是大非问题上。要强化教师的马克思主义理论教育，以及新时代中国特色社会主义理论教育，提高教师的马克思主义理论素养和政治素养。只有做到真学真信，才能讲好思政课程和课程思政。

2. 情怀要深

要有家国的情怀，既要心系小家，又要心有大家；既要关心国事，又要关心社会的发展。加强教师的爱国主义教育，培养以爱国主义为核心的民族精神、时代精神，政治教学不仅是谋生的一种方式，更要与国家的发展紧密相连。

3. 思维要深

要善于应用辩证唯物主义、历史唯物主义，适时地进行教学方法的更新。引导大学生树立正确的思维方式，培养大学生基于马克思主义的立场去思考、解决问题。

4. 视野要广

人的眼界不能局限于眼前，要逐步拓宽视野。有知识的视野、历史视野、国际视野。用纵横对比的方法，把问题分析清楚，讲得让人容易理解。

5. 自律要严

严于律己，表里如一。在课堂内和课堂外、工作中和生活中的言行举止一致，弘扬主旋律和正能量的内容。

6. 人格要正

教师的一言一行将会对学生产生深远的影响，所以教师要做到言传身教。以真知灼见感召学生，以渊博的理论知识获取学生的尊敬，发挥好教师的表率作用。

这就是上好思想政治课的最根本条件，不仅仅是高校要强化对教师的教育和培养，教师自己也要对自己进行严格要求，在日常生活和工作中强化对自己的教育。要把立德树人这一根本任务落到实处。在做好思政课程和课程思政教师之前，首先要做一位好教师。一是要有理想信念。对中国特色的社会主义事业充满自信，高校要组织教师认真学习马克思主义理论，学习相关政策方针。二要有道德情操。高校应强化对教师的道德教育。三要有扎实学识。马克思曾指出：人可以使周围的环境发生变化，但教育者本人一定是受教育的。教师唯有博学多识，方能使学生钦佩。教师应该建立起终身学习的观念，不断锤炼自己的专业知识，丰富自己的专业知识储备，提高自己的人文素养。同时，高校也还以各种形式开展教师之间的合作交流，以提升教师的业务素质和教书育人能力。四要有仁爱之心。教师应该有大爱，平等地对待每一个学生。高校要引导教师始终怀有仁爱之心，从内心深处发出对教育事业的热爱，真正关爱学生。

高校要强化对教师的教育引导，教师要以“四有”好老师为标准，严格要求自己，落实思政教师的“六要”，这样能大幅提升教师的育人能力，从而促进课程思政和思政课程的协同育人。

三、提升教学水平

（一）抓好课堂教学管理

学生接受思想政治教育的最重要方式就是课堂教学，因此，课程思政和思政课程教师要将课堂作为一个重要的抓手，从而保证课堂教学的质量，提升其育人效果。当前，课堂教学中，学生的表现并不活跃，究其缘由，主要是因为学生对其认识不够、课程没有调动学生的参与兴趣等。因此，要从以下四个方面着手，改进教育教学方式，激发学生的学习兴趣。

1. 改进教学方式

根据课堂教学的实际情况，采取相应的对策。兴趣是最好的老师，要调动起学生学习的兴趣。针对各课程的特性，对课程的功能和培养能力进行分析。引导学生建立正确的学习观念和学习动机。教师要改变传统的授课模式，调动学生的积极性，使学生能积极参与到学习中来。在问题导向下，引导学生去寻找、分析、解决问题。转变学生的学习态度和学习方式，激发他们的内在动力，针对一些自我控制力不强，沉迷手机网络的学生，要耐心地讲解其中的利弊，并进行正确的引导。恰当地采用奖励与惩罚机制，利用正向、负向两种激励方式，使学生形成良好的学习习惯。

2. 教学内容贴近实际，紧跟时事

教师是教学的主体，应做好备课工作，对课堂教学内容进行精心设计。只有揭示事物本质的理论，才能让人信服。思政课教师应积极弘扬马克思主义理论，以习近平新时代中国特色社会主义思想铸就学生的灵魂，培养学生的人格。课程思政教师要以自己的课程性质特点为依据，将其与思想政治教育内容相结合，从而达到教书育人相统一的目的。引导学生重视思想政治教育工作，从而推动学生德智体美劳全面发展。教师应该跟上时代的步伐，及时更新教学内容。在教学过程中，不能照本宣科。思政教学应做到贴近现实，紧密联系实际，紧跟时事。

3. 教师提高自己的专业素质和教学水平

教师应不断强化自身的理论修养，充实自身的专业知识储备，提高马克思主义理论素养。教师要有扎实的理论基础，如果连自己都对知识一知半解，又如何教导好学生呢？在日常生活和工作中，加强对教育学和教育心理学的学习，不断提高自己的教学技能。在教学语言运用方面要特别重视，不能把内容说得太过抽象，要尽可能地使用生动具体通俗的教学语言，这样可以提高思想政治教育的亲和力和针对性。

4. 增进与学生间的交流

教师与学生应该是平等的，教师不应高高在上，应与他们积极进行交流，做到真正了解、关爱学生，建立与学生之间平等、融洽的交流关系。教师通过与学生的交流，可以更好地了解他们的个性特点和长处与不足，从而能因材施教，提升育人效果。

（二）深挖思想政治教育资源

《高等学校课程思政建设指导纲要》明确提出，要坚持以教育教学为最基本的工作，从各种不同的课程、教学方法中，充分发掘其中的各种思想政治教育资源，使学生在学习过程中把握事物发展规律，丰富学识、塑造品格，努力成为德智体美劳全面发展的社会主义建设者和接班人。各个课程中包含着丰富的思想政治教育资源，教师要深入挖掘，从而推动课程思政与思政课程同向协同育人。

做任何一件事，都要有方式和方法，这样才能达到事半功倍的效果。在高校教育中，要提高教师的育人积极性，要建立起对课程资源的挖掘意识。那怎样挖掘课程思想政治教育的资源，才能保障思想政治教育元素挖尽、挖精呢？

一方面，在思想政治教育资源挖掘中不能“一刀切”。要明确各类课程的特征，并根据其特征，明确挖掘的重点和内容。思政课程具有鲜明的思想意识形态和资源分布高度集中的特点，挖掘要注重深度，挖掘理论来源及其背后蕴含的价值意义。通识教育课程的主要目的是培育健全的人格、合格的社会公民，注重人的生活、情感与理智的协调发展。其意识形态并不十分明显，并且拥有大量的资源，但是分布较为分散。哲学社会类课程具有鲜明的意识形态、资源数量较多且分布较为集中的特点，应着重从政治观念、社会科学、看待问题和解决问题的角度和方式等进行挖掘，培养学生的正确世界观、人生观、价值观。自然理工类课程具有较强的逻辑性和现实性，资源数量少、分布零散。用一些著名的科学家例子，来挖掘为科学而奉献的精神和工匠精神，培养学生的国家责任意识、伦理意识、求真严谨的做事态度等。

另一方面，要加强教师挖掘资源的能力。对教师开展马克思主义教育理论，提升教师的马克思主义理论水平。教师只有提高了自己的马克思主义理论水平，才能明确挖掘的内容、挖掘的方式。此外，还能加强思政教师和其他教师之间的交流与沟通，思政教师能够协助课程思政教师开展挖掘，协同挖掘来促进挖掘水平的提升。调动教师的挖掘意识，高校要积极宣传资源挖掘的重要意义，调动教师的使命感和责任感，激发其育人热情。

在进行资源挖掘时，应遵守如下原则。一是关于客观真实的原则。在进行挖掘工作的时候，不能凭空捏造、生搬硬套。在挖掘过程中应做到实事求是、客观真实。二是以生为本原则。在挖掘时应从学生需要出发，以促进学生的全面发展为目的进行挖掘。三是与时俱进原则。跟上时代步伐的要求，及时更新挖掘重点。

（三）改革创新教学方法

马克思曾指出，只有能够使人信服的理论，才能掌握群众；只有理论彻底，才能说服人。彻底指的是抓住事物的根本。思想政治教育工作要根据时代、事件、形式变化而进行相应的调整、无论是课程思政还是思政课程教学，都需要面对教学环境的改变、教育对象个性化的挑战。面对这些困难，要不畏艰险、勇攀高峰，及时改进创新教学方法。

1. 理论联系实践

在进行教育教学时，要贴合学生实际需要，与他们的理想和志向相联系。在进行思想政治理论教学时，可以与红色历史、社会主义现代化的历程相关联，简单的理论性教学容易使学生失去兴趣，而与实际生活相关联才能更好地提高思想政治教育的亲和力。将第一、二课堂有机地结合在一起，可以通过带领学生参观博物馆、烈士陵园等形式，对学生进行人文素养、民族精神、国家意识等方面的教育。鼓励他们多参与一些志愿工作、社会实践，让他们通过亲身实践来感受社会主义的优越性。

2. 线上和线下相结合

教学方法也要跟上时代的发展，合理、适当地运用网络教学方法。与线下教学相比，线上教学拥有即时的特点，它不会受到时间和空间的限制，传播信息更加便捷。把传统的教育教学方法和现代方法有机地结合起来，创造出让大学生们都喜欢的多媒体平台教学模式，营造信息化的教学环境。以辩证的眼光来看待线上教学，如果运用不恰当，就会导致线上教育的碎片化和泛娱乐化。把线上和线下教学有机结合起来，充分发挥各自的优势。在进行网络课程资源开发与构建时，应注重网络课程资源的系统性、知识性。做好书籍与网络资源的衔接，调动学生自主学习的积极性，加强线上与线下师生的沟通、互动。

3. 启发性教学方式

良好的教学方法应注重问题的引导，激发学生进行探索和解决问题。单纯地讲授，并不能调动学生的主观能动性，反而会对他们的发散思维和独立思考能力造成一定的限制。通过启发式的教学，可以有效地调动学生的内在动力，提高他们的理性思考和解决问题的能力。

4. 因材施教、创新教学方式

教学方法的变革和创新，归根结底都要把育人的成效作为终极目标。每个教师都要遵守教学规律，坚持以学生为本，针对他们的个性特征进行因材施教。切合现实，针对在实践中遇到的问题，对症治疗，适时地调整教学方式，不墨守成规，勇于创新。

四、推进育人体制机制建设

（一）完善组织领导机制

推动课程思政与思政课程的协同育人，并不只是教师的工作，还需要高校各个部门、每个工作人员的共同努力。在高校中，要建立起党委牵头，各领导、工会部门等齐抓共管，全体师生共同配合的大思政格局。高校要建立起与思政工作协同育人相关的领导部门、组织结构、培训机构，促进各个部门之间的相互配合，促进工作人员之间的相互交流。要重视思想政治教育工作，构建沟通合作机制，邀请思政界专家举办专题讲座和座谈会等，营造协同育人的环境。通过构建完善的组织领导制度，加强组织协调能力，突破不同部门、不同学科之间的学术壁垒，实现协同教育。

（二）完善政策激励机制

教师是育人的主体，要充分调动其育人的积极性。激发他们的使命感与责任心。教书育人是每一名教师的职责，要想实现协同育人，就要激发教师的育人意识和职责担当。高校应加大宣传力度，首先要消除教师的思想误解，使教师真正树立起育人意识。高校以立德树人为宗旨，教师不仅要为学生答疑解惑，更要为学生传道。建立课程思政培训机构，正确引导教师理解课程思政的内涵，实施课程思政并不会挤占专业课的学习时间，而是让课程学习变得更有温度和情怀。构建课程思政的并非只有专业课教师，思政课教师也要起到引领的作用，在进行课程思政的设计时，要协助专业课教师充分挖掘思想政治教育元素。推动各学科教师的交流和沟通，提高课程思政的认同感。

教育部门应加大对资金的投入，建立专门的课程思政建设专项资金。高校可以通过制定激励机制来激励教师开展课程思政建设，设置课程思政科研项目，定期开展课程思政教学评比，对表现突出的教师予以表彰。将课程思政纳入评价体系之中，并完善监督评价制度，表彰和奖励课程思政建设中取得良好成效的教师，以及致力于推动课程思政和思政课程协同育人教师。课程思政与思政课程的同向协作育人，要求教师在其中投入大量的精力和时间，因此很有必要对教师给予一定的奖励。

（三）完善质量评价机制

合理的教学评价，可以激发教师工作的内驱力。要让课程思政与思政课程协同育人真正落实到位，就需要建立健全育人效果评价机制，督促教师强化他们之间的合作交流，并对他们的课程思政进行精心地构建。

在《高等学校课程思政建设指导纲要》中指出，要将课程思政融入双一流建设、一流课程建设、学科评估、教学成果奖、本科教学评估、教学评奖评优等机制中去。因此，高校应将课程思政纳入教师的评价体系之中，并将课程思政建设作为教师评奖评优、选拔任用的重要指标。加大课程思政在教师评价体系中的比重，激发教师的育人热情。

评价主体和评价方式多元化。多元主体针对教师课程思政的建设现状进行评价，包括了教师之间的相互评价，以及学校领导走进课堂评课，由学生进行评价。各人根据自己的客观实际，从各自的视角作出评价。在对课程思政进行评价时，要将其显隐结合起来，既要对学生知识技能的掌握程度进行关注，也要对其思想状态进行关注。要提升学生的思想境界和道德品质，并不是一件容易的事情，这是一个由量变引发质变的过程。所以，在评价的时候要注意过程性评价和结果性评价相结合、定性评价和定量评价相结合。通过完善评价机制，强化教师的监管，为教师教育教学提出意见和建议，能够切实增强教师的育人意识、育人能力。

五、构建协同育人大思政格局

（一）学校发挥协同育人作用

高校应重视课程思政建设，推进协同育人工作。增加对课程思政经费的投入，建立课程思政教研室，设立思政科研项目，并激励教师建设课程思政。改善校园环境，融入思想政治教育元素，充分发挥隐性教育作用。完善协同育人机制、评价监督机制等。提高课程的协同性，达到各学科之间的协同，实现知识、能力、价值观三方面协同。加强各部门人员之间的协同。高校作为进行思想政治教育的主要阵地，要充分发挥其立德树人作用。高校应树立起使命感和责任感，统筹一切力量，推动课程思政与思政课程的协同育人。

（二）家庭承担思想政治教育责任

仅仅依靠学校的思想政治教育来育人是不够的，家庭也应该承担起思想政治教育的责任。家庭思想政治教育指的是在家庭环境中展开的思想政治教育，也就是在家庭中，年长者对下一代开展的有关思想政治信仰、道德修养、法律素养等一系列有意识或无意识的教育活动总和。一个人从一出生起，就被家庭环境所影响，家庭教育对人的影响是潜移默化而深远持久的。

良好的家庭教育与学校教育互相配合，能使人受用终身。家长是子女的第一任教师，家长应严格要求自己，给子女树立良好的榜样。家长的一言一行、道德素质、价值观点都会对子女产生一定的影响，所以家长要对自己的子女进行严格的规范，从而产生积极的引导效果。个人与社会、国家是不可分割的，要培养孩子的家国情怀，热爱自己的祖国和民族，对自己的国家和民族充满自信心和自豪感。要培养其责任感、理性思维能力、良好的道德品质、独立思考能力，帮助孩子建立正确的价值观。

家庭教育作为一种隐性思想政治教育，有着其特有的优势。家庭思想政治教育具有特殊性、广泛性等特点。家庭教育应承担思想政治教育责任，发挥自身独特优势，推动思想政治教育发展。

（三）社会发挥思政大课堂作用

要积极建设“思政小课堂”与“社会思政大课堂”，做到理论性与实践性的统一。推动第一课堂和第二课堂的结合，促进学生参与社会实践活动。社会也应充分发挥好思政大课堂的作用，建设有一定文化气息的基础设施，并对传统文化和传统建设进行保护。实践出真知，社会应为学生创造更多的实践机会，让他们在实践中感受到马克思主义的优势，感受到社会主义的强大与昌盛，激发出他们建设社会主义的使命担当，通过社会实践，增长知识和本领，成为全面发展的人。家庭、学校和社会形成育人的合力，协力促进课程思政和思政课程的建设。

第四章　高校思政课教师与辅导员协同育人研究

第一节　两支队伍协同育人的理论基础

一、关于人的全面发展理论

马克思主义的人的全面发展理论，就是对人的全面发展进行深入、全面和系统的探讨，人的全面发展包括了体力、品格、个性的全面、和谐发展。马克思主义的人的全面发展理论，同样也是大学生思想政治教育的重要理论基础。它在历史和社会的发展进程中，通过不断地发展和演变，逐步形成了更加广泛、更加深刻的内容，到目前为止，马克思主义的人的全面发展理论基本内容有：人的社会关系、人的能力、人的劳动、人与人以及自然之间的关系等方面的综合发展。马克思主义的人的全面发展理论不仅是一个人在个体层面上的发展，而且还为整个人类社会的发展指明了方向，并确定了人类社会发展的终极目标。

高校人才培养的主要问题其实就是马克思主义理论中关于人的全面发展的问题。马克思主义主张，教育不但可以提高社会生产力，而且可以使人得到全面发展。要想提升大学生的整体素养，塑造其良好的道德品质，就要在高校思政课教师和辅导员的配合下，培养大学生正确的“三观”，使其坚定政治立场，拥有良好的专业素养，高尚的道德情操，成为合格的社会主义建设者和接班人。

二、思想政治教育合力理论

高校思想政治教育是一个完整系统，它与外界环境以及其他系统相互联系、相互作用，在思想政治教育系统中，各个子系统之间以及各个要素之间都存在着相互关联、相互影响。因为在思想政治教育系统中，存在着相互关联、相互影响的趋势和程度不同的情况，所以，思想政治教育系统的综合实力并不是系统中各个要素或子系统力量的简单叠加，它是一种“新的思想政治教育力量”。马克思的经典之作曾经提到过“新的力量”，认为当各种不同的力量联合起来时，就会形成一种“新的力量”，而这个“新的力量”并不是原有各个力量的简单叠加。在高校育人系统中，由于每个育人主体或者其他育人要素相互作用所形成的新育人合力，可以超越单一育人主体所能起到的作用，但是，也可能因为每个育人主体或其他育人要素在作用的方向上的不一致，以及在系统中每个要素的布置不合理，而造成的育人合力减弱，乃至相互抵消，最终归零。

高校是人才培育的主要基地，因此，思政课教师和辅导员都应该在自己的岗位上充分发挥其主观能动性，积极改善校园的育人环境，增强两支队伍的配合，从而形成更强的思想政治教育的合力，充分发挥“主渠道”“主阵地”的主导作用，通过思想政治教育的辐射，增强家庭教育和社会教育的效果。思想政治教育合力理论是重要的理论基础，是思政课教师和辅导员协同育人、提升思政教育实效的理论指导，也是推动高校建设“大思政”格局、贯彻“三全育人”理念的重要理论指导。

三、贝塔朗菲的一般系统论

贝塔朗菲创立了一般系统论，他重视系统的有机性与整体性，认为任何系统都存在着特殊的构造与运行规律。有机性是指系统内部各要素的联结不是简单的叠加，而是每个要素在系统中都处在一定的位置上，发挥着自己的特殊作用，要素之间的有机联系统一于整个系统的内部。而整体性是指系统具有各元素在独立状态下并不具备的特性和功能，从而形成“整体大于部分之和”的结果，而要想产生这样的结果，就要在合理的结构和优化组合的前提下，将各元素统一于系统内部，形成有机联系。

针对“整体大于部分之和”，贝塔朗菲在《一般系统论》一书中指出，组合特征并不能用单独部分的特征来解释。因为系统具有整体性，所以它内部的每一个要素都是不能被分割的，如果把要素从系统中分离出来，那么要素就会停止为系统提供服务，也就无法在系统中起到任何的作用。这样一来，所有的要素作用都将会消失。此外，贝塔朗菲还强调了系统具有层次性的特点，认为每个系统都是一个更大、更高层次系统中的要素或者是子系统。

高校是以“立德树人”的理念为导向，围绕人才培养目标，具有科学研究、文化传承与发展等职能的组织。以贝塔朗菲的系统论为理论依据，对高校思政课教师与辅导员在育人工作中的协同进行探讨，需要先将高校当成一个由教学单位、业务单位等子系统组成的系统，其中，管理思政课教学的马克思主义学院属于教学单位，负责学生工作的学生工作处是管理部门，而思政课教师与辅导员是分别隶属于马克思主义学院和学生工作处的要素。

育人，是高校的核心职能具体体现，提高学生的思想政治素养，不可能仅仅依靠学校中某个育人主体的积极作用就能实现，按照“三全育人”中的“全员育人”理念，在高校中，行政、后勤等都肩负着育人的责任，各个育人主体并不是相互孤立的，它们是相互关联的，假如所有的部分不趋向于一致，假如某一部分闹着独立，那么一切都将会土崩瓦解。因此，在各个育人主体之间的共同作用下，所形成的育人力量强度和发展方向，需要正确的引导，这样才能发挥出最大的育人合力，从而获得最佳的育人效果。思政课教师和辅导员是高校系统中育人的两大重要因素，这两支育人队伍之间的协同需要运用系统论的研究方法，对两支育人队伍在各个环节、各个层次的育人力量进行组织和协调，从而提升大学生思想政治教育的总体效果。在此基础上，对高校这一育人系统的结构和功能进行分析，并对系统进行优化的方法进行探索。

四、赫尔曼·哈肯的协同理论

德国物理学家赫尔曼·哈肯以贝塔朗菲一般系统论为基础，创立了协同学理论，并发表了多部专著，他认为协同就是系统内部各个部分的互相合作，而使整体体系具备了在微观层次上所没有的新结构与特点。协同学的重点在于对系统结构形成规律的普遍性、整体模式形成的最终形态进行分析。按照协同学的观点，协同能够让系统变得井然有序，从而在系统中形成更大的合力，而在协同学研究中，一个非常重要的内容就是，系统从无序走向有序的过程中，存在着规律和机制。按照赫尔曼·哈肯的说法，系统中各要素间的三种关系将会产生三种效果：第一种情况，如果系统中的各个要素只是单纯、机械的叠加，那么这个系统的合力就是各个要素的和；第二种情况，如果这个系统中的各个要素都是互相制约的，那么这个系统的合力就会比各个要素的和小，无法将系统的整体优势发挥出来；第三种情况，系统中各个子系统或要素有序地排列、有机地组合，在这个时候，系统就会产生协同作用，具备整体的优越性，可以形成大于各个要素相加的合力。

邱伟光等人认为，思想政治教育系统内部，以及其与外部的联系，都需要在整体性的指导下统一、协调，才能确保该系统的良性运行，达成思想政治教育目的。在协同学理论的基础上，对大学生的思想政治教育进行研究，这为本文提供了一个新的角度。以思政课教师和辅导员之间的协作关系为依据，因为他们负责的部门不一样，所以思政课教师与辅导员之间拥有相对的独立性。但是，因为育人目的的一致性，这两个团队之间又有着有机关联。如果两支队伍能够形成耦合，并且能够达到优势互补，那么就能够更好地发挥出各自的育人功能，并产生出协同效应。在保持整体系统有序和稳定性基础上，形成新的育人合力，增强已有育人效果。

第二节　二者分工在协同育人中的地位与意义

一、二者分工在育人中的地位

大学阶段是大学生世界观、人生观和价值观形成的重要时期，所以，思政课教师要守住讲台这个阵地，把好理论关；辅导员也要守住日常教育这个阵地，把好管理、服务关。从一个人的整个生命周期来看，大学时期是一个人生命发展的“一段渠”，无论是思政课教师还是辅导员，都要珍惜并守护好大学生在校期间的这一段渠，在探寻大学生成长规律的基础上，深入探讨思想政治理论教学规律、日常思想政治教育规律，为高校立德树人事业建设作出贡献。现代社会是一个信息化的社会，这表明，大学生可以通过更多的渠道获得更多信息，这在开阔他们思维的同时，也拓宽了他们的眼界，充实了他们的精神和文化生活，这也说明，对他们的思想政治教育产生影响的因素也在不断增多。在这种情况下，新问题和新挑战不断涌现，对于高校思想政治教育工作的顺利开展而言是一种挑战，这需要思政课教师和辅导员不断探索新的途径和手段，来强化对大学生的思想政治教育。

（一）思想政治理论教学是高校育人的主渠道

高校虽然是一个传授专业知识和培养专业技能的场所，但是其教育的目的不仅仅是传授知识和技能，而是培养“人”。而知识和技能的传授仅仅是育人的方式，高校教育的最终目的在于培养出全面发展的时代新人。而在高校中，思政课教师育人方式，则是以理论授课为主要手段，让学生能够更好地掌握马克思主义理论知识，从而对大学生的道德观念进行培育，树立起大学生的共产主义信念。在大学阶段，学生的思维能力已经趋于成熟，对世界有着强烈的探索的欲望，经过适当的引导，他们能够对自己或他人做出准确的评价，在这个过程中，他们的人格与行为、情感和意志都不断趋于成熟，在品德行为的社会化中逐步建立起自己的理想信念。这就对思政课教师提出了更高的要求，需要思政课教师将育人与知识宣传相结合，也就是将教书和育人相结合，既要满足学生的求知需要，又要实现育人的目的。

高校思政课作为国家路线方针政策宣传的重要载体，是普及马克思主义理论教育的重要途径，也是高校育人的主要渠道和立德树人的重要方式，承担着帮助大学生树立正确“三观”的重要使命，对于培养全面发展的“四有”新人具有重要作用。思政课教师要在学术厚度、理论深度和人文温度三个层面上，持续提高自我，实现教书与育人的统一。思政课教师要深入了解学生，关爱学生，根据学生的实际情况和思想变化来进行教学，在进行针对性教学的同时，要让学生更快地融入大学生活之中，从而提升他们的思想道德、马克思主义理论素养，加强他们的历史责任意识，培育他们的健全人格。

（二）日常思想政治教育是高校育人的主阵地

在高校人才培养中，高校辅导员扮演着不可缺少的角色。辅导员是思想政治教育的主要参与者之一，在日常管理与服务中，对大学生展开思想政治教育，并传播正确的价值观和社会思潮。在帮助大学生解决现实问题的同时，深入了解学生，有针对性地对他们展开思想政治教育。辅导员承担着管理育人和服务育人的责任，在为学生们解惑的时候，辅导员充当了学生与专任教师、学校管理部门等主体之间交流的一座桥梁。辅导员可以通过对学生与其他各方的关系进行协调，从而创造出一个融洽的育人环境，同时，辅导员还可以起到润滑剂的作用。在思想政治教育“主阵地”上，辅导员通过充分利用校园文化活动、社会实践活动等方式，来引导学生形成正确的“三观”，通过弘扬和践行社会主义核心价值观，在学生的日常学习和生活中，培养学生的优良品德，促进大学生的全面发展。

二、二者协同育人的重要意义

因为人的思想品德要素是多层次的，而且各个要素之间的关系是多种多样的，这就导致了大学的育人工作特点是非常复杂的。如今，高校育人工作的建设也面临着各种难题。高校作为一个系统工程，需要系统内外的各种要素进行协同，从而形成科学、合理的协同机制，使其能够最大限度地发挥出育人的整体力量，高校中的每一位职工都是这个系统中的一员，他们都有自身特有的作用。在高校思政课教学中，教师的主要任务是在理论层面上为学生进行思想政治教育；辅导员的主要任务是管理大学生的日常事务，在管理和服务中守住高校思想政治教育的主阵地。两支育人队伍在高校育人系统中关联度极高，它们在各自专业化的基础上实现有机结合，从而形成协同，这是符合高校思想政治教育规律内在要求的，也将为推进新时代高校思想政治工作起到非常关键的作用。

（一）有利于提高思政课教师的教学实效和辅导员的理论素养

思政课教师通常都是硕士或博士以上学位，具有较高的理论水平和高超的教学技能，具有较强的科研能力，并且其所学专业与其在教学中所讲授的内容也是具有很高的关联度。高校在招聘辅导员时，会要求应聘者的学历条件达到硬性指标，此外，还会对应聘者的管理能力和学生工作的业务技能进行考察，同时还会对应聘者在读期间的学生干部经历进行考察。大部分辅导员招聘的专业要求是“不限”，或者“马克思主义理论、思想政治教育相关专业优先”。这就导致了辅导员队伍的专业多元化，队伍整体思想政治理论水平有待强化的情况。作为高校育人工作中的中坚力量，思政课教师和辅导员都有着各自的优势，这两支育人队伍形成协同，将会推动育人实效的持续提升，通过思政课教师对辅导员的学术指导，可以有效提高辅导员的理论素养，从而提升辅导员在育人工作中的效果。

当前，大部分的高校思政理论课都是以大班制教学的形式进行的，思政课教师是利用课堂授课来达到对学生进行思想引导、价值内化和道德修养塑造。但目前，高校思政课教学形式有待丰富，师生之间的互动交流有待进一步加强。辅导员在管理学生日常生活、为学生进行心理问题疏导等过程中，能够深入了解学生，若辅导员可以将此过程中掌握的学生思想情况和心理动态信息，与思政课教师共享，进行协同育人，那么，就能激发学生的参与积极性，极大地提高思政课程教学效果。

（二）有利于两支队伍的优势互补并加强与大学生之间的交流

思政课教师队伍所关心的问题是“如何培养学生”，而辅导员所关心的问题是“培养什么样的学生”，两支育人队伍分工明确，如果没有相互联系、沟通，则会对高校育人工作的长期发展不利。思政课教师与辅导员形成协同育人，这既可以提高思想政治教育的合力，又可以达到两者的优势互补，还可以在面临日趋复杂的政治经济局势时，增强忧患意识，更可以增强解决学生的思想问题和现实问题的能力。同时，当前社会是一个信息化社会，在享受互联网提供的便利的同时，也要注意防止一些不良意识形态的侵蚀，这就要求思政课教师和辅导员一起，保护好互联网阵地，将对大学生进行的思想政治教育延伸到网络空间。在协同过程中，两支育人队伍利用好学生广泛使用的新媒体平台，可以增强与学生的沟通互动，在动态中对大学生的思想状况进行把握，并对大学生在意识形态上出现的问题进行及时解决，高效地纠正大学生思想认识方面的偏差。

（三）有利于提高思政课程育人的精度以及日常管理育人的深度

思政课教师的课后日常，通常除了备课，就是跟进研究课题，同时还要进行理论知识的学习，没法腾出更多的时间来与学生展开沟通、交流和互动，而缺少对学生深入的了解，则无法掌握学生的实际情况和思想动态，这就会影响到教育教学效果。但是，如果可以与辅导员建立起合作关系，那么思政课教师就可以从辅导员手中获得有关学生的第一手信息，在对学生进行充分了解的前提下，可以提升育人的准确度。

辅导员的专业背景多元，而且因为学生工作的复杂性和烦琐性，他们没法腾出足够的时间投入到理论学习中，这也是辅导员队伍强化马克思主义理论水平的难题之一，而这会影响到辅导员能否深度解决学生的问题。要想改变这种情况，就需要与思政课教师展开更多的沟通与合作，在与思政课教师的协同中，持续提升自己的理论水平以及马克思主义素养，这样，就能持续提升为学生解决实际问题和思想问题的能力，加强日常思想政治教育的深度。

第三节　思政课教师与辅导员协同育人的对策

思政课教师教书育人与辅导员管理育人是高校育人的两种主要方式，两种方式殊途同归，从育人目标来看，“立德树人”是两者的共同目标；从工作对象来看，两者均以高校学生为对象；从工作性质来看，两者都是思想政治教育。两者工作统一于“大思政”格局与“三全育人”理念，因两者的侧重点的不同，在育人工作中也存在较大的差异。用功能范式来分析两者的关系，两者在各个层面上都有着非常密切的关联性，并且有着比较频繁的互动性。思政课教师与辅导员在育人工作中有着相互促进的积极关系，但是这要建立在对两支队伍所在系统结构进行优化的基础上，才能达到两支育人队伍的和谐共进。思政课教师和辅导员都是高校思想政治教育系统中的重要因素，如果这两支队伍能够以合理、优化的组合方式配置在系统中，那么二者在协同运行中可以发挥出各自独立育人过程中所没有的效果。

目前，我国高校思政课程面临着教学改革的要求，思政课教师和辅导员协同育人逐渐受到重视。首先，思政课程的课堂教学秩序与辅导员的关注息息相关，思政课程课堂的人数较多，往往来自不同的专业，如果仅仅依靠学生的自觉，或者依靠教师的个人力量，很难保障授课的顺利开展，也难以保障教学的质量。如果可以让辅导员参与其中，帮助思政课教师强化管理，从而引发学生对思政课程的重视，也是一种解决问题的方法。其次，要检验思政课程的教学成效，也要有辅导员的参与，思政课程的教学目的是培养大学生正确的“三观”，要检验学生是否将课堂所学运用到了日常生活中，检验他们的思想道德修养水平有没有得到提高，检验他们有没有做到知行合一。在这方面，辅导员比较有发言权。思政课教师可以在与辅导员的合作中，对学生的学习状况进行实时了解，从而有针对性地进行教学思路的调整。

一、高校思政课教师与辅导员协同育人的原则

两支育人队伍，即思政课教师和辅导员，在高校学生的思想政治教育中发挥着至关重要的作用。这两支队伍有着相同的育人目标，但是他们的育人方法却有所不同。由此，在高校育人工作中，两支队伍应该形成一种优势互补的关系，这就要求思政课教师与辅导员在多个方面、多个层次上形成协同，达到默契的配合，从而提升育人的效果。至于两支队伍之间的协同，要实现同向同行，就需要思政课教师与辅导员队伍“同心同力”，基于这种“同心同力”，两支队伍之间就会形成一种新的合力，从而提升高校学生思想政治教育的整体成效。

（一）方向协调一致

在物理学中，力由三个要素组成：大小、方向、作用点。在高校思想政治教育工作中，思政课教师和辅导员的思想政治教育力量都来自学生，要达到两支育人队伍的协同，就需要突出两支育人队伍在方向上的一致性。育人工作需要正确的“方向”基础，才能发挥出最人的合力取得良好的效果，这个“方向”就是政治方向，列宁曾经说过：“在任何一所学校中，最重要的就是讲课中的思想政治方向。”① 这就给高校思政课教师和辅导员的育人工作带来了新的要求，两支育人队伍要在工作中坚定马克思主义的立场，始终与国家保持高度一致，把“立德树人”作为职责，为国家和社会输送全面发展的人才。

（二）内容优势互补

《关于进一步加强和改进高等学校思想政治理论课的意见》提出，要把思政课的实践教学与辅导员平时的思想政治教育有机地联系起来，通过理论联系实践，让学生做到知行合一。根据目前的岗位分工，思政课教师以思想政治理论教学为主，辅导员则是以日常的思想政治教育为主。在进

① 列宁论教育［M］. 北京：人民教育出版社，1990.

行思政课的教学过程中，教师除了要对教材文本进行深入研究和解读之外，还应该对学生的思想动态和需求进行深入地研究，这就要求思政课教师与辅导员在相互的交流过程中，能够获知学生的所需所想，了解学生所关心的社会焦点问题，以及辅导员在日常管理过程中所发现的一些显著问题等相关信息。在尽可能了解大学生情况的前提下，深入挖掘出教材内容中与学生思想中的重合点，利用合理的方式，将其融入课堂教学当中，运用马克思主义观点和方法，深入讲解大学生所关注的社会热点，在教师和学生的激烈讨论中，在为大学生进行解惑、对生活案例进行分析及升华的过程，提升思政课程的教学效果。

如果辅导员能够适当地参加到思政课程的讨论环节中，既可以通过教学相长，加强自身业务知识的学习，也可以加强思政课程教学内容与学生的思想动态的契合度，进而提升思政课程教学的针对性和有效性。在对大学生展开日常思想政治教育的时候，辅导员也应该积极、深入地学习马克思主义理论知识，并积极与思政课教师进行沟通，从而不断提升自己的政治意识和理论素养，同时，将马克思主义理论知识融入对高校学生日常思想政治教育、日常实践活动等各个方面中。

（三）过程有效衔接

如果两者之间缺乏沟通、交流与合作，就会导致整个高校思政工作过程的整体割裂，“主阵地”与“主渠道”之间的承接性断裂，从而影响整个高校思政工作的良性运转。大学生思想政治教育是知、情、意、信、行要素有机组合和规律运动的过程，这就要求思政课教师与辅导员协同，将“第一课堂”与“第二课堂”有机地结合起来，达到信息资源的有效共享，增强理论教学的针对性，使学生在实践中所面临的问题能够在课堂找到答案。

这两支队伍之间的高效协同，可以提高辅导员在思想政治教育方面的专业知识水平，从而提高大学生日常思想政治教育的理论深度，并能更好地引导学生学习怎样将所学知识应用于实践，实现知行合一，在实践中加强理论学习的成效，通过内化和外化的过程，使高校学生的思想政治教育整体有效性得到全面提升。

（四）方法有机联动

不管是在思政课上，还是在平时的思想政治教育中，都应该把“知道”——“悟道”——“体道”的过程，也就是促使大学生做到知行合一作为导向。日常思想政治教育是思政课教学在时间和空间上的补充、扩展，它也是提高课堂教学成效在实践中得到强化的一种重要方式。思政课教师与辅导员在育人方法上进行协同，旨在减少单方面灌输方式所带来的消极影响。积极开展丰富多样的实践活动，让辅导员以组织管理者的身份参加思政课的社会实践，以思政课教师和辅导员的协同联动，进行教学和教法的创新，提高学生参与思政课程教学的积极性。学生组建学习小组，针对在教学过程中，教师所提出的问题展开实证性调研，由思政课教师与辅导员一起带队进行调研，并给予他们相应的指导。在调研结束之后，学生在课堂上跟大家分享成果，思政课教师和辅导员对学生分享内容中的理论部分和实践部分展开点评。通过分组协作，充分调动学生的学习热情与主观能动性，从而提升育人的成效。

在对学生展开日常思想政治教育的时候，辅导员要对大学生良好的日常行为与生活习惯进行培养，也要注意借鉴思政课教师的理论教学方法。例如，在实践活动中，可引入理论专题讲授等内容，以实现思想政治理论与日常管理活动的有机融合。借助提升辅导员的马克思主义理论素养，来促进学生工作的纵深发展。除此之外，两支队伍协同育人在方法上的有机联动，还应扩展虚拟空间，利用各种新媒体，推动思想政治教育的传统优势与信息技术相结合，积极抢占网络阵地。

（五）考评科学合理

在对思政课教师和辅导员的协同育人工作展开考核评价的时候，评价指标应该紧紧地围绕并服务于高校“人才培养”这一核心职能。就目前的情况来看，高校仍需进一步完善两支育人队伍沟通交流的平台，联动两支队伍的评价机制。两者都服务于“立德树人”目标，都是高校思想政治教育工作中的中坚力量，“主渠道”与“主阵地”不应该割裂开来，要发挥两者的协同，实现优势互补，提高思想政治教育的效果。

在对学生进行考核评价时，也要强化思政课教师队伍与辅导员队伍之间的协作，做到“知行合一”。在信息互通、资源共享的前提下，对大学生进行考核时，思政课教师应该与辅导员对学生在日常行为和实践活动情况的评价相结合，以此考核标准，来指导学生将在课堂中所学理论知识自觉运用到实践中去。辅导员在评奖、评优中，对大学生进行思想品德考察鉴定的同时，也应把学生在思政课上的表现考虑进去，以此引导学生做到“知行合一”。

（六）科研合作共赢

《普通高等学校辅导员队伍建设规定》进一步明确了辅导员的教师身份和可承担的教学课程，鼓励和支持辅导员开展思想政治学科的调研，为辅导员与思政课教师协同育人奠定了政策基础，使得两支育人队伍在教学和科研中能够充分利用自己的优势，提高育人效果，这对弥补两支育人队伍的不足，也是很有好处的。在高校思想政治教育工作中，思政课教师注重理论教学，辅导员注重工作实务，都是以培养大学生的成长成才和全面发展为目标。在科研项目方面，两支队伍都有着各自的优势：思政课教师有着扎实的理论基础和广泛的知识面，有着良好的马克思主义理论研究水平；而辅导员因为自身的专业和主客观因素，使得他们的理论知识没有思政课教师渊博，但是他们在思想政治教育实践中有着非常丰富的经验。如果两者能够在科研上进行协作，相互补充，那么就可以达到科研工作的共赢，并在育人工作上获得新的突破。

二、多措调动两支队伍协同的积极性和主动性

（一）以监察促协同

建立监督评价体系，可以强化两支育人队伍协同育人的合力，还可以保证两支育人队伍在育人协同中，能够同心协力，并且可以理性而规范地对大学生进行思想政治教育，还可以提升两支育人队伍的教学水平、管理

水平和科学研究的合作水平，为高校系统中其他育人主体的协同提供实践依据和经验参考。可以在实际条件下，运用学校教务或学工部门的不定期检查、二级学院领导突击巡查、全面普查的方式，对思政课教师与辅导员协同育人的成效、质量进行检查和督导，保障在思政课教学、学生校园文化活动、科研项目研究等方面都有良好的表现。思政课教师与辅导员可以在协同中同心协力，实现同频共振。

（二）以考评促协同

经过科学优化之后逐步趋于合理的评价体系，可以对高校中各个育人要素之间的相互关系进行协调，从而确保高校中各个育人要素的有序性，进而提高各个育人要素所形成的育人合力，最终达到对高校育人资源的有效整合和合理地优化，促进育人目标的实现。这就需要高校改变传统评估方式，将思政课教师参加、组织学生社会实践、班级活动等方面的工作，都纳入自己的工作量中，并对辅导员在思政课的旁边听课，以及与思政课教师一起进行科学研究活动做出明确的规定，利用上述的措施和其他的方法，来逐步构建起评价两支育人队伍协同开展育人工作的体系。对于两支育人队伍的协同考核评估，应该定期对两者协同育人工作的成效和内容进行考核，从而跟进并确保思政课教师与辅导员能够协同育人，对两支育人队伍协作中存在的问题进行及时修正和完善。

（三）以激励促协同

《普通高等学校辅导员队伍建设规定》提出，高校要建立完善的制度和激励保障体系，以贯彻执行辅导员职级“双线”晋升的要求，《关于加强和改进高校青年教师思想政治工作的若干意见》又提出，要把青年教师在高校中从事大学生思想政治教育工作的经历，作为其职务晋级、职称评审的重要考核依据，从而对其进行有效的制约和激励，有助于增强青年思政课教师参与辅导工作，也有助于强化思政课教师与辅导员的协同育人。为了最大限度地发挥出思政课教师与辅导员协同育人的合力，要使用科学、合理的激励方式，鼓励和引导两支育人队伍的协同，这样才能提高两支育人队伍协同育人的积极性，让高校育人系统更好地运转起来。具体而言，高校应该把思政课教师和辅导员协同育人的工作，纳入绩效考核、职务晋升、课题申报的考核和评分中，从而激发思政课教师和辅导员协同育人的效能，这种激励和引导可以加强两支育人队伍协同育人的内在动力。

三、思政课教师与辅导员协同育人的平台建设

（一）科研项目平台

研究思想政治教育有关的项目或课题，除了需要研究者有较高的马克思主义理论水平之外，也需要研究者有较强的实践技能。如果能够在思政课教师和辅导员之间形成“强强联手”，一方可以用自己扎实的理论功底为课题提供学术支撑，而另外一方则可以用自己丰富的实践案例为课题奠定实践基础，这样可以提升申报项目的成功率。构建思政课教师和辅导员之间的科研协作平台，从而达到两支育队伍在科研上的协同，这对促进科研成果的推广，以及两支育人队伍之间的优势互补都有好处，在思政课题中，辅导员可以为思政课教师提供实证研究案例，在进行理论研究的过程中，思政课教师可以为辅导员提供强大的支持，两支育人队伍可以在科研协同中互相借鉴、互相学习，从而深化对对方的了解和理解，这对提升各自的科研能力有着很大的帮助，对形成育人合力、提升育人效果具有重要现实意义。

（二）各阶段的平台

为了保证育人的时效性，思政课教师和辅导员要对大学生的思想动态进行准确把握。这就对两支育人队伍之间的沟通与协作提出了更高的要求，实现二者之间互动的常态化，需要在两支育人队伍之间搭建一座桥梁，构建出一个可以让思政课教师与辅导员进行交流的平台。在构建平台的过程中，可以按照思政课教师和辅导员协同的程度、广度和深度，将其划分成三个不同的层次。高校要结合自身的具体情况，逐步推动两支育人队伍的常态交流平台构建，不可操之过急。

初级阶段的平台，适合于刚开始促进两支育人队伍协同的高校。在初级平台中，除了两支育人队伍交流的例会之外，思政课教师与辅导员还应该多以交流会、分享会等方式，来加深对彼此工作的了解。同时，也可以在相互的交流中，让思政课教师对学生的思想动态和日常行为有更多的了解，让辅导员从思政课教师的描述中，对学生在课堂上的表现有更多的了解，两支育人队伍在根据所了解到的学生情况基础上，针对教育工作中存在的问题，提出应对措施，并在教育工作中，适时地进行教育策略与管理方式的调整。除此之外，还可以组织两支育队伍展开定期集中培训，通过讲座等方式，切实增强二者的业务知识和育人能力，并促进他们之间的协同，从而提升育人效果。

中级阶段的平台，适合于思政课教师与辅导员之间有一定了解的高校，它的运行方法是：两支育人队伍在各自工作中相互邀请和参与，从而形成更加强有力的育人合力。《关于进一步加强和改进大学生社会实践的意见》提出，思政课教师和辅导员应共同参加大学生的社会实践活动，两支育队伍可以通过社会实践活动，实现资源共享和取长补短，通过参与大学生的实践活动，可以增强思政课程的教学效果，也能增加日常思想政治教育的理论深度。《普通高校思想政治理论课建设体系创新计划》提出，要促进两支队伍之间的相互兼任，使思政课教学的实践环节和大学生实践活动相结合，并将思政课教师和辅导员联合起来，共同参与组织实践教学。在社会实践、各种竞赛等学生活动中，辅导员可以邀请思政课教师参与，或者提供指导等，在贴近学生生活的过程中，可加深思政课教师对学生的了解，不断强化自己的组织、管理能力。思政课教师也可以邀请辅导员听课，在听课的过程中，辅导员能提升自己的政治意识和马克思主义理论素养，从而提升自己在管理育人和服务育人时的理论深度，有助于其更好地了解学生的课堂表现，帮助思政课教师更好地维护课堂秩序。

高级阶段的平台，适合于那些在思政课教师和辅导员协同育人取得了长足进展的高校，在高级平台中，两支育人队伍可以让青年教师互相兼任，并将兼任的工作量也纳入绩效考核之中。以“在其位谋其政”的方式，深化对彼此岗位的了解与认识，推动两支育人队伍的协同育人工作向更高的水平发展。《关于进一步加强高等学校思想政治理论课教师队伍建设的意见》明确指出，新入职的思政课教师在工作过程中应兼任班主任或者辅导员的工作，并指出思政课教师在上课的时候，要把理论知识与学生的日常思想政治教育紧密结合起来，同时还要通过兼任辅导员，及时掌握学生的道德情况与思想动态，从而提高思政课的针对性和实效性，在充分了解辅导员工作的基础上加强与辅导员之间的协同。

（三）新媒体等平台

目前，各高校已经开设了官方微博和微信公众号，并搭建了易班等新媒体平台，但是这种新媒体平台的育人功能还需要进一步提升，其在互联网上的思想政治教育功能还有待进一步开发，应该在官方微博发布消息、微信公众号推送文章的育人功能基础上，开发和完善其他育人功能，并充分发挥易班平台推进无纸办公和奖助学贷管理等方面的育人功能。虽然大学生会关注这些平台，但他们更多的是对信息进行迅速地浏览，或是进行碎片化地阅读，从中抽取出与自己切身利益有关的部分。这种方式无法给他们以实质性的深刻启发。

在这种情况下，需要加速推动以思政课教师、辅导员为主导的网络思想政治教育阵地管理和平台建设，利用两支育人队伍在网络思想政治教育阵地上的协同，充分发挥并加强现有网络新媒体平台的思想政治教育功能。或者新建育人队伍联合管理网络平台，在网络虚拟空间里，强化对高校学生的思想政治教育。这就要求在学校层面上，强化对思政课教师与辅导员协同育人的网络平台构建。在这个平台上，既可以让两支育人队伍进行沟通和交流，也可以让师生之间进行互动，更可以让两支育人队伍，突破时空的局限，强化对大学生的思想政治教育。

所构建的平台应该包含一般的信息发布和文章推送等功能，以及视频课程的学习等版块，在评论区中，思政课教师和辅导员与学生进行的互动，让思政课教师和辅导员对学生的思想动态和诉求等学情进行了解，同时了解学生在人际关系、职业选择等问题上的困惑，利用思政课教师与辅导员为学生解答疑问，以及监督和舆情的引导，进一步增强双方的沟通交流与协作，从而达到协同育人向纵深发展。

四、思政课教师和辅导员协同育人的机制建设

（一）领导管理机制

思政课教师与辅导员协同育人机制保障，关键在于强有力的组织领导机制，这种机制建设就需要在高校领导下，由党委宣传部部长担任组长，由马克思主义学院的院长和学工部的处长担任副组长，由党委宣传部牵头，马克思主义学院和学工处具体负责，思政课教师和辅导员协同育人，形成三位一体的校级的中枢管理体系。通过这种领导和管理机制，立足于统筹融合，展开顶层设计，将思想政治理论教学与学生工作进行有效结合，从而达到沟通与联动。基于这种管理体制，可以充分地运用集体备课、研讨会等，由思政课教师和辅导员共同参与的团体活动，来完成教学和管理、服务的育人方向的同向同行，这样可以提升两支育人队伍协同的工作效率和育人效能，更加符合高等教育改革的需要。

（二）引导发展机制

完善发展相关的激励机制，是让思政课教师和辅导员进行协同的重要动力，两支育人队伍的协同工作表现和育人成效，应该成为绩效考核、职务升迁等的重要参考依据。而这就需要完善奖惩机制，对育人工作表现优异、服务能力较强的教师和辅导员进行表彰，有奖励就有惩罚，对在育人工作中消极应付、缺少对学生人文关怀的思政课教师或辅导员，要进行批评和处分，并责令其改正。以奖励与惩罚相结合为原则，学校要强化对学生的正面典型和育人榜样的树立，并开展更多更深层次的宣传和引导，从而对全校其他教职员工的育人工作起到辐射效应，营造全员参与、全员协作的育人环境。

除此之外，关于思政课教师与辅导员之间的协同育人，学校应该组织好两支育人队伍之间的协同，在遵守日常思想政治教育与思想政治理论教学规律的前提下，学校应该解决思政课教师和辅导员协同育人过程中遇到

的一些问题，在构建好两支育人队伍协同能力的培训机制方面下点功夫。比如，可以以学校的实际情况和发展水平为依据，定期将青年骨干思政课教师和辅导员送往全国各高校进行交流学习；或者展开与协同育人工作相关的培训，持续提升两支育人队伍的理论水平和实际能力，从而提升育人的有效性。

（三）经费保障机制

想要实现思政课教师和辅导员之间的协同，就要有大量的资金来支撑，在很大程度上，资金的支持力度对两支育人队伍的积极性、主动性，还有两者的协同实效产生影响。从另一个角度来说，两支育人队伍的协同所带来的育人实效提升，也能够对学校的长远发展起到作用，为学校育人事业节约成本，并在资金使用上获得更好的效益。要做到这一点，就要加大对思政课教师与辅导员协同育人的资金投入力度，建立起思政课教师与辅导员协同育人的专项资金，在预算中应该将硬件设施建设，以及两支育人队伍在运营、管理过程中所发生的成本和费用等都包含在内，并致力于解决由于资金短缺等问题导致的长期困扰思政工作的突出问题。在经费管理与使用上，为了提升专项资金的使用效益，保障专项经费对两支队伍的协同起到积极推动效果，在学校层面要根据相关的法律法规及校规，制订《思政课教师与辅导员协同育人专项资金的管理办法》，并对此进行监督，从而保障该经费能够得到合理使用。

领导小组的组长，应该在听从副组长的意见前提下，对思政课教师与辅导员协同育人专项资金的使用进行合理规划，对两支育人队伍协同培训、研讨会等的经费支持进行合理安排，防止资金浪费。鼓励并指导思政课教师与辅导员以项目为导向，申请协同育人的资金支持，在协同育人中心持续优化的进程中，逐步提高专项资金的使用效益。通过提供专项资金的支持，为两支育人队伍的协同工作奠定必需的物质基础，这对拓宽两支队伍协同育人的深度和广度，提升协同育人的效能有着十分重要的作用。

（四）考核评价机制

构建完善、科学、合理的考核机制和评价机制，是切实促进思政课教师与辅导员之间协同育人的关键。有必要建立一套科学合理、定量和定性相结合的评价标准，将思政课教师的主管部门评价，辅导员的主管部门评价，思政课教师所教学生的评价，辅导员所管理的学生评价等，都纳入思政课教师和辅导员的学期、学年的考评范围中。在对评价的内容上，除了已有的思政课课堂教学效果和辅导员的日常管理秩序和服务质量等之外，还应该将两支育人队伍在教学、服务育人协同的因素考虑进去，并将两支育人队伍在协同过程中所展开的沟通交流与合作的质量考虑进去。

这就要求基于校领导的正确领导，持续完善两支育人队伍的考核制度和考核内容，以严格考核两支育人队伍的教学能力、科学研究能力为基础，增加协同育人的考核内容，在评估的过程中，要严格遵守评估程序。在两支育人队伍的协同问题上，通过学生的评价可以直接地体现出其协同对育人工作的改善效果。评估仅仅是考核的一种方式，而构建完善的考核机制，实际上就是要发现问题，进行调整，不断改进，以此来增强思政课教师和辅导员的协同，从而使高校育人更加完善，真正做到立德树人，更好地发挥高校培育人才的职能。

第五章 “三全育人”视域下思政课与日常思政教育工作的协同育人研究

第一节 “三全育人”与高校思政课、日常思政教育的概念

一、相关概念阐释

（一）“三全育人”

1.“三全育人”的理念提出

中国教育工会在1950年召开的首届全国代表大会上，提出了“教书育人，管理育人，服务育人”的“三育人”口号，把育人目标指向了教学、管理和服务三个方面，这是“三全育人”理念在中国最早的正式表述。

“三全育人”理念的产生与发展，与国家关于教育发展问题的认识有着密不可分的联系。在改革开放后，国家提出了要培育社会主义“四有新人”的教育目标。“三全育人”概念已初露头角，有关教育教学的实践活动也已在各大高校中开展。“三全育人”概念是在素质教育的全面推进过程中逐步得到完善和发展起来的。2005年，在全国加强和改进大学生思想政治教育工作会议中，提出了要建立健全“三全育人”工作机制，这标志

着这个科学理念在全国重要会议上被明确提出。

近年来，随着高校思想政治教育工作的不断推进，“三全育人”的理念也得到进一步的加强和改进，取得了一定的成果，成为高校思想政治教育改革在新阶段、新起点上的发展方位。高校的思想政治工作涉及人才培养的目标方向、方法途径等一系列的教育基础性问题，有着重要的战略意义。要紧紧抓住“立德树人”的基本任务，将思想政治工作渗透到整个教育教学过程当中。“坚持全员全过程全方位育人”是新时期加强和改善高校思想政治工作的基本原则。《关于开展“三全育人”综合改革试点工作的通知》的发布，不仅为“三全育人”的探索提供了实践平台，也推动了其理念的进一步创新。

2.“三全育人”的内在逻辑

“三全育人”的理论体系包括主体、时间、空间三个要素，这三个要素密不可分，构成了一个有机整体。

全员育人，就是要将所有的育人资源都充分地利用起来，构建出一支全员积极参与、职责划分清晰、分工具体明确的育人队伍，并配备一套管理严格的统一领导管理体制，让更多的育人群体一起参与到育人工作中来。全程育人就是以社会对大学生的发展需要和学生自身成长成才内在需要为依据，将育人工作贯穿到了学生整个校园学习生活过程中，以满足学生在各个时期的特定需要。全方位育人就是将教育融入学校的教学、管理等育人的各个方面，让思想政治教育的影响无所不在，最终形成多维度、全方位的育人格局，与学校的各项工作共同推动学生的全面发展。

对“三全育人”理念的探讨，既要了解它的组成要素，又要把握这些要素之间的联系，及其在这些联系中所处的位置与作用。在新时期，所有的教育工作都要以立德树人为指导，“三全育人”要围绕立德树人任务，把各种要素有效整合起来，将主体、时间、空间三个要素紧密地结合起来，形成一个为育人而服务的有机整体；要把“全”作为新时期高校思想政治教育“三全育人”的重点和关键，要从全员、全过程和全方位三个层面上去发掘“全”的全新内涵。高校全体教职工是育人活动的主体要素，承担着主要的育人工作。而全程育人是一个时间要素，它受到主体要素的控制，主体要素对高校的思想政治教育工作的进程产生重要的影响，并且还起到了决定的作用。全方位育人是教育的时空要素，全方位育人与全程育人共同组成了育人主客体之间双向互动的桥梁。“三全育人”内在的各组成部分是相互关联的，唯有把它们有机地联系在一起，构建起“三全育人”的格局，才能形成一座上下贯通、左右联通的德人“立交桥”，使育人工作的目标和内容真正落实下去。

（二）高校思政课与日常思想政治教育

1. 高校思政课

高校思政课是大学生进行思想政治教育的“第一课堂”，在育人方面有着重要的作用和优势。梳理改革开放以来我国高校思政课的历史沿革和发展过程，高校思政课的主导性和专业化逐渐明显。1978 年恢复高考制度后第一届大学生进入高校，高校马克思主义理论课程重新启动与重建，我国高校马克思主义理论课程建设进入了一个新的历史时期；1984 年颁布《关于高等学校开设共产主义思想品德课的若干规定》，我国高校逐步确立了马克思列宁主义课程与思想品德课“两课”课程的设置；随着高校思政课“98 方案”的颁布与执行，马克思主义理论课和思想政治教育课逐渐成了高校思想政治教育的主要渠道；2004 年，“05 方案”的制定与实施，为我国新时期高校思政课建设指明了一条新路子。

随着我国社会主义现代化建设的加速，高校思政课建设工作也步入了新的发展阶段。“思想政治理论课是落实立德树人根本任务的关键课程”的论述，更是凸显了思政课在育人工作中的重要地位。思政课教学围绕教育方针，以教育目的为指导，坚持将解决好教育的根本问题作为人才培养工作的核心。以马列主义、中国特色社会主义理论体系为核心思想来铸魂育人，引导学生运用马克思主义的世界观和方法论分析和解决问题，以最大限度地激发他们的自主性和创造力，为国家培养出一批又一批的接班人。

2. 日常思想政治教育

日常思想政治教育指的是在思政课第一课堂之外，对大学生进行日常教育的实践活动，它是育人工作在实践层面和在日常生活中的一种具体运用，它拥有自己的运作方式和发展规律，在高校思想政治教育的客观运动中逐渐呈现为一个相对独立的显性的实践范畴①。日常思想政治教育的主要载体和渠道为：班级建设、社会实践、网络管理、心理健康教育等，其内容与学生的日常生活有着密切的联系，其中还包含了大量生动的育人资源，这是对课堂教学的积极拓展和有效补充。

在现实生活中，高校学生的日常思想政治教育具有持续性和全面性，不存在时间和空间上的限制，具有潜移默化的渗透效果。首先，日常思政教育与课堂教学有着明显的区别，它具有时间上的持续性。由于受课程设置的制约，课堂教学经常具有间断性，而日常的思想政治教育则是贯穿于学生的整个校园学习生活中，不被课程所束缚。从某种意义上来说，是一种时间上的延续。同时，它还在空间上具有全面性的特点，日常思想政治教育有着广阔而丰富的教学样态，它依托于教室、食堂等物质载体，把日常思想政治教育隐藏在校园环境中。以时间上的持续性和空间上的全面性为基础，日常思想政治教育体现出了潜移默化的渗透性，从大学生踏入高校的那一刻起，他们就在无形中受到了校园显性环境与隐性环境的多方影响，而这一切都被囊括在了学校育人工作的呈现内容之中。发挥着“润物细无声”的育人作用，并贯穿于大学生的整个学习生涯。

（三）协同育人与高校思想政治教育协同育人

所谓协同，就是在一个共同的目标指导下，把所有的力量和资源都集中起来，形成合力，以达到最终目的。“协同育人”理念发端于欧洲，旨在培育高技能人才。在我国，徐平利将“协同育人”定义为：不同的教育主体通过资源共享、能量积累，而形成的一种高效互动，以实现人才培养目的。袁小平对它的界定是：在开放的市场经济体制中，两种或更多的资源、个体，根据社会和用人单位的需要，在系统内坚持资源共享、优势互补、责任分担、利益互赢、能量积蓄的原则，共同培养符合社会所需要的

① 金昕．大学生日常思想政治教育理论研究的科学化［J］．思想教育研究，2017（1）．

高技能人才的有效互动过程或活动①。

具体而言，应从四个角度来认识和把握协同育人的深层内涵。首先，协同育人是一种统筹多个主体实践的活动，它有着自己的系统。协同育人强调的是将各方的教育资源进行整合，从而形成良好的互动关系，充分发挥整体功能，并提高其整体效果，从而最终达到“1+1>2”的最佳目标。其次，协同育人注重协作，并带有一定的开放性。在育人的过程中，要积极整合育人资源，各个育人主体要密切配合，用合作代替竞争，以融合最大的能量，从而产生最佳的效果。再次，协同育人反映了系统和环境的互动关系。每一个参与主体和资源之间的关系都具有动态性而非静态性。在育人过程中，通过碰撞、交流和互动，激发出新的生命力，产生新力量，推动教育成效的提高和优化。最后，要把握协同育人的深刻内涵，要明确“育人”是一切教育活动的基本目的。协同育人，育人为本。要坚持以“育人”为宗旨，集中力量、整合资源，才能取得较好的成效。

要使高校的工作有效、有序地进行，就要遵循协同育人的理念。高校思想政治教育协同育人肩负着立德树人基本使命，各个主体、各个要素，以协同育人理念为指引，充分发挥各自特有的优势，构建协调互动、科学高效的实践路径，规范育人的体制机制，最终实现立德树人目标。

二、内在关系辨析

（一）高校思政课与日常思想政治教育的关系

大学生的日常思想政治教育包括两个重要部分，主渠道——思想政治理论教育、主阵地——日常思想政治教育，两者之间相互依存和补充。思政课与日常思想政治教育之间存在着同根性和高度的内在统一性，它们都是思想政治教育学科，也统一于思想政治教育的领域，唯有对它们之间的差异和联系进行深入地理解，才能真正达到协同育人的目标。

① 袁小平. 高校思想政治教育与创新创业教育的协同育人模式研究［J］. 教育评论，2014,（06）：100.

1. 思政课与日常思想政治教育的根本价值导向是一致的

都是以立德树人为根本任务、以培养担当民族复兴大任的时代新人为共同目标。在思想政治教学中，教师要有目标、有计划、有组织地进行理论教育，用科学的理论来让学生信服，用真理的力量来指引他们，让他们能够养成正确的理想信念、高尚的道德情操和良好的道德行为。而日常思想政治教育是一项日常性、实践性的工作，通过开展各种实践活动、心理健康教育等多种途径，对学生进行思想指引和精神关怀，从而推动学生的全面发展。

2. 思政课教师和日常思想政治教育工作者在职业角色上存在着一致性

思政课教师和日常思想政治教育工作者一样，都是育人的主体。尽管两者在思想政治教育过程中的角色地位和职责是不一样的，他们在选择教育内容和教育形式上也有着很大的差别，但是他们都是为了实现立德树人的目标而努力，他们有着相同的育人使命，以及相同的价值追求。面向相同的学生群体，处在相同的育人环境，在具体工作中有着高度的契合性，在各自的职业角色上具有高度的一致性，在育人实践中，两者是密切联系、互相促进的。

3. 思政课教学与日常思想政治教育工作具有互补性

在教学内容方面，理论知识教学需要与具体社会发展和学生生活实际相联系，这样才能更好地将理论知识的现实价值体现出来，让学生能够真正地学懂、弄通、做实。在进行日常思想政治教育时，要加强理论的指导，社会实践活动、校园文化建设等过程中，要始终把理论引领、价值渗透贯穿其中，这样才能在日常思想政治教育工作中，不断深化主题提升价值，进而实践落实理论教学。在教育过程中，两者共同分担着育人过程的具体环节和任务，从课堂理论教学到课外实践活动，从显性教育到隐性教育，既为学生传授理论知识与技能，又培养学生健全的人格。两者相互补充、环环相扣，充分展示了思政课教学与日常思想政治教育在教学过程中的互补性。在教育方式与手段方面，思政课与日常思想政治教育各有侧重、优势，可以相互借鉴。在当代科学技术快速发展的背景下，高校思想政治课程可以广泛运用科技手段，提高理论教学的有效性和亲和力。此外，思政课的具体教学方式还可以应用于日常思想政治教育中，在实际操作过程中加强学生理论学习，让各项育人活动都具备科学性与趣味性。

（二）“三全育人”与高校思想政治教育协同育人的关系

“三全育人”充分调动和整合人、时空、资源，挖掘和吸收各种力量、资源，在整个时间和空间维度上，实现科学有机协同，形成系统合力；协同育人注重系统内部各个子系统和要素之间的持续配合，从而实现新的平衡状态。“三全育人”与高校思想政治教育协同育人理念虽有各自的产生背景和理论来源，但两者的实质都是一种“育人”理念和行动指南，其内涵、实质均有着较高的一致性。

从核心理念、本质要求和发展动力三个方面来看，“三全育人”和高校思想政治教育协同育人具有较高的一致性和内在统一性。从其核心理念来看，两者都是以系统论为中心思想。“三全育人”理念着重强调了高校育人工作的整体性和多元性，它的整个模式不能由单个要素所支持和运作，它需要一些互相关联和作用的要素，才能形成系统性的整体①。协同育人本身就属于一个复杂的系统工程，因此，在思想政治教育协同育人过程中，以达到提升系统整体育人效果、落实立德树人的根本任务为目的。其次，它们的本质特点都是开放性。“三全育人”在教育主体、教育过程和教育空间上都呈现出了开放性，体现出了教育体系的对外交流、共享性。协同育人建立在协同论的有序效应理论的基础之上，认为系统可以从无序走向有序状态的必要条件是开放性，协同育人的必要条件就是在开放的环境中，物质、能量、信息才能流通和交换。最后，在发展动力上。两者都需要协同合作。“三全育人”强调的是全员、全过程和全方位育人，核心是“全”，重视力量集中和资源整合，通过同向同行的运行动力来达到育人目的。协同是高校思想政治教育协同育人的起点和终点，可以通过各子系统、要素协同运行，从而使系统中的所有资源能够以一个共同目标为核心，协同发力。

---

① 董秀娜，李洪波．高校“三全育人”协同机制构建研究［J］．思想教育研究，2020（08）：148.

（三）“三全育人”与高校思政课、日常思想政治教育协同育人的关系

协同育人是一项巨大而又繁复的教育系统工程，它牵扯到多个主体，涵盖多个方面，其切入点有人员、资源等。怎样将思政课教学与日常思想政治教育相结合，发挥更大的育人效能，这是高校思想政治教育协同育人的题中应有之义。“三全育人”是一种科学理念，它为高校思政课和日常的思想政治教育协同育人指明了方向，它把全员、全程和全方位育人作为协同目的和途径，它将二者在协同育人方面所遇到的实际问题加以解决，从而为高校思想政治教育协同育人开辟了一个崭新的局面。建立高校思想政治教育工作体系，其重点在于推动多元主体在全方位下实现全过程的协同育人。

“三全育人”是高校育人工作在与时俱进、不断探索创新的基础上，形成的理论成果与实践总结，是对新时代育人工作提出的新标准和新要求，要在育人工作中贯彻这种科学理念，构建全员参与、全方位互动的工作机制，促进高质量人才培养体系的形成。协同理论创始人哈肯认为，需要在一个复杂的系统内，协调好各子系统，以提高他们的协同效益，才能实现整体系统的良性发展，取得最佳效果。在大学生思想政治教育工作中运用协同理论，推动高校思政课与日常思想政治教育协同育人，就要推动各育人主体之间的理念交流、联动工作、资源共享。通过共同的育人目标，达到“三全育人”的目的。

三、理论渊源

（一）马克思主义人本观

立德树人是高校思政课与日常思想政治教育工作协同育人的基本任务，旨在培育德智体美劳全面发展、能担当民族复兴大任的时代新人，这是对人的本质尊重认同，也是对人全面发展的价值追求，其中蕴含着马克思主义人本观的理论基础。

与其他学科相比，思想政治教育有着自己的独特性，它是一门研究人

的科学，教育的主体和客体都是真实的人，因此，对人的认识，尤其是对人本质的正确和全面地认识，是进行思想政治教育工作的前提。马克思、恩格斯不但认识到了人的自然属性，而且还指出：人的本质并不是单个人所固有的抽象物，在其现实性上，它是一切社会关系的总和①。这揭示了人本质的实践性，将人的本质理论建立在实践的基础之上。对于每个个体而言，出发点往往是他们自己，当然是在一定历史条件和关系中的个人，而不是思想家们所理解的纯粹的“个人”②。马克思主义把人的本质同社会历史环境相结合，突出了人的本质的历史性和阶段性。这就意味着，教育工作不能与实际和真实的人相分离，要把真正的人放在现实生活中去，将其作为关注对象，根据人的切身利益和发展需求去关心、教育和引导人。

人的全面发展理论是马克思主义的一个重要内容和基本价值追求。马克思认为，所有的民族，无论其处于何种历史环境，都必然要沿着这条路前进，才能够达到这样一种经济形式——在实现社会生产力高度发展的同时，保障人的全面发展。人的全面发展有着丰富的内涵和深刻的意蕴，包含了人的体能、智能全面发展，是人身心素质全面提升、个性独立的充分体现，还包含了个人在与社会的交互过程中的和谐发展，反映了人对社会交往的占有与控制。因此，要对马克思主义关于人的全面发展理论的科学内涵进行深入地理解，确保协同育人的方向和目标的正确，推动育人目标的高效实现。

（二）思想政治教育系统论

思想政治教育是一个复杂的有机体系统，它包含了各个子系统要素，以及它们之间存在的各种相互关系。具体表现为教育主客体、教育内容、教育环境等多样化内容。系统论指的是利用系统的思维，对系统与子系统、组成要素以及外部环境之间的关系进行整体考察、综合分析，从而确定系统优化的具体战略和最优方案。深入理解并把握实现政治教育系统论的科学内涵，充分运用系统分析方法，才能更好地发挥协同育人的作用，

① 马克思恩格斯选集（第一卷）[M]．北京：人民出版社，2012.

② 马克思恩格斯选集（第一卷）[M]．北京：人民出版社，2012.

提高育人的成效。

高校思政课、日常思想政治教育工作都是高校思想政治教育系统中的重要组成部分，两者之间存在着紧密的联系，要将两者放到整体思想政治教育系统中，进行综合分析、考量。思政课与日常思想政治教育是一个系统中的两个子系统，它们都服从并服务于整体系统的发展目标与运行路径，但是它们在系统中所处的地位和作用却是不同的，因此它们的发展脉络与表现方式也是不同的。要从整体和系统的角度来把握协同育人的主体多元化、多样内容、多方运行，对协同育人子系统之间，以及子系统与整体系统、外部环境间的内在关系进行深入分析。与此同时，要加强辩证思维和差异意识，要对思政课和日常思想政治教育之间的矛盾和互补进行准确地理解，要将两者放到实际育人条件和环境中去进行分析。充分发挥各自在系统中的特殊功能，推动两者的有益联结，从而提高协同育人的整体效果。使各个要素，各个子系统在系统中可以协同，使整体协同达到有条不紊地运行。

（三）协同学理论

协同学研究的主要是带有开放性的系统，如何利用自己内部的协同作用，在与外部物质和能量交换的情况下，自发形成时间、空间、功能上的有序结构，以达到平衡状态。协同学理论是基于系统论、控制论等现代科学最前沿的理论，涉及多种学科，描述了在不同领域之中，各种系统由无序转向有序的共同规律。其主要内容可以概括为协同效应、伺服原理、自组织原理三个方面。

协同学理论的研究对象是协同、子系统、各要素的关系，通过研究系统与子系统、诸要素，以及子系统、诸要素之间相互关系，从根本上揭示系统的内在机制、运行规律和发展动力，从而提高系统的科学性、稳定性和长效性。协同育人是协同学理论的核心理论基础。对协同学的理论要义进行深入理解和把握，要将思想政治教育协同育人视为一个完整的系统，对其进行全面剖析，对影响育人效果的各子系统、各要素进行科学分析，找到对协同育人效果产生影响的关键要素与关联要素，探索协同育人的科学规律与运行机制。与此同时，要关注系统外部环境改变对协同育人工作产生的冲击，强化协同育人系统内外的交互，并依据环境的改变和外部条件情况，适时地对育人内容与实践策略进行调整，为系统运行提供持续不断的发展动力，从而达到协同育人协同的有机运行。

第二节 “三全育人”视域下思政课与日常思政教育工作协同育人的内容

一、高校思政课与日常思想政治教育工作协同育人的必要性

（一）应对复杂多变的现实社会环境的需要

当前国际格局和国际体系正在发生深刻调整，全球治理体系正在发生深刻变革，这对于我国各项事业的发展而言既是机会也是挑战，实现中华民族伟大复兴也进入了不可逆转的关键期。思想政治教育工作是一项具有先导性、基础性和全局性的事业，要把世界百年未有之大变局与中华民族伟大复兴关键期结合起来，看清时代发展潮流和中国的发展趋势，把握住协同育人的机遇，提高协同育人成效。

世界局势的变化既提供了新的发展机会，也带来了新的挑战。一方面，随着国际形势的不断变化和信息网络的不断发展，意识形态领域工作日趋复杂，意识形态阵地争夺愈演愈烈。随着信息网络时代的到来，各种意识形态和文化思潮正逐渐深入到大学生的学习生活中，对他们的世界观、人生观和价值观产生了巨大影响。这就需要高校的思想政治教育，以批判错误思潮为己任，勇于亮剑，将思政课教学与日常思想政治教育工作结合起来，健全队伍、拉长战线、拓展阵地，在课上课下、网上线下与错误的思潮进行积极斗争，帮助学生分辨是非，消除错误思潮和不良文化对他们的影响。另一方面，中华民族伟大复兴进入关键期，各项事业发展所面临的各种新问题、新挑战也越来越多。发展的任务仍然是艰巨的，发展的道路仍然是曲折的，使得协同育人工作的发展任务更加艰巨，发展要求

更为严格。这就需要高校思想政治教育，要从时代担当和历史使命入手，站在国家和民族发展的角度，把立德树人工作放在首要位置，利用思政课与日常的思想政治教育进行协同育人，从而真正地提升当代大学生的思想道德素养和科学文化水平，以抵御可能面临的各种危险诱惑和风险挑战。

（二）提升思想政治教育质量与成效的需要

《关于新时代加强和改进思想政治工作的意见》提出，要提高基层思想政治工作质量和水平，需要学校建立健全思想政治工作系统，健全青少年理想信念教育齐抓共管机制。在新的历史条件和发展阶段下，怎样完善当前的工作体系，构建协同育人机制，提高思想政治教育的质量和成效，是高校进一步强化和改善大学生思想政治教育工作的重要课题。

提高育人质量和教育效果是一个长期的难题，它有着根深蒂固性与亟待解决性。从思政课程的角度来看，在教学内容方面，教师已经逐渐向学生靠拢，并对他们的思想生活实际进行了深入的研究，不断充实教学内容改善教学方法；在教学方法上，教师注重互动教学，充分运用案例、多媒体资源等开展教学；在内容设计、课时安排、组织形式等一些具体问题上，仍然存在着很多的难题。在日常思想政治教育的层面上，高校的日常思想政治教育工作逐渐改变了传统教育观念，更加尊重学生的主体地位，重视他们自己的发展需求，将育人工作渗透于心理健康教育、创业指导服务等方面。从长远的角度来看，协同育人工作需要育人主体有较强的理论素养和思维能力，引导学生在实践中感悟思想、获得成长，实际上，大部分日常思想政治教育者在这方面的能力还有大幅提升的空间。

伴随着实践的不断发展，在高校的思想政治教育工作中，各个部门的职能分工变得越来越精细，各项工作的开展也变得更加合理、规范化。但是，由于协同育人工作是一个非常复杂的整体系统，因此很难将某一项工作划分成某个部门单独的职能和职责，这在某种意义上，会对协同育人工作的具体开展成效产生不利影响。

（三）培养社会主义建设者和接班人的需要

培养什么样的人是教育必须面对并始终伴随的一个永恒主题。在新的时代，要将国家教育方针落实到位，要努力培养能够承担起民族复兴大任的时代新人，培养出德智体美劳全面发展的社会主义建设者和接班人。这是中国特色社会主义教育的基本问题，也是必然选择，它为协同育人的开展指明了发展方向，提供了根本指向，也对协同育人工作提出了更高的要求。

受到所处的时代和环境影响，当代大学生的思维更加活跃、观念更加开放，他们能够大胆地表现自己，接受新的东西，主动地融入社会，表现出了新时代青年敢为人先的精神风貌和奋斗姿态。但是，在各种社会思潮的外部影响下，个别大学生存在着不同程度的思想问题，例如集体意识淡薄等。这就需要高校协同育人工作明确时代发展变化，将大学生的群体特点和个性特点相结合，协同思政课与日常思想政治教育工作，持续充实育人工作的时代内涵，帮助学生树立远大理想、践行良好道德行为，从而推动他们成长成才。尽管思政课与日常思想政治教育在育人方式上存在着差异，但是它们的最终目的都是立德树人，有着相同的落脚点。思政课程是实现高校立德树人的重要途径。在充分发挥理论教育作用的同时，也要重视日常教育实践活动的育人功能，这样才能实现二者协同育人的有效融合与相互支撑。让思政课与日常思想政治教育之间产生良好的互动关系，在两者的协同中，引导和帮助学生内化所学知识，这是高校实现立德树人任务的必经之路。

《高校思想政治工作质量提升工程实施纲要》提出：构建“十大”育人体系，充实并扩展协同育人的工作内容与途径，这是在新形势下针对育人目标的实现进行的有益探索，需要高校协同育人工作以人才培养为出发点，在“十大”育人体系基础上，与高校思政课、日常思想政治教育工作协同，共同推进人才的培养。

二、高校思政课与日常思想政治教育工作协同育人的内容构成

（一）高校思政课与日常思想政治教育工作全员育人

1. 思政课教学工作队伍

高校思政课是一门重要的课程，要坚持“思政课程”育人本色，不断

深化教学改革，在创新中挖掘其他课程与育人环节中的思想政治教育资源。将思政课教师作为工作队伍的骨干力量，将哲学社会科学课教师与其他专业课教师作为思政课教学工作队伍中的重要补充力量，将各科教师的专业优势充分发挥出来，激发他们投入到“课程思政”建设的积极性、创造性，与思政课教师保持良好的交流与配合，一起开展思想政治教育的理论教学工作，推动育人工作的广泛、深入、有效开展。

（1）思政课教师。高校思想政治教育工作中，思政课教师是贯彻立德树人任务的重要群体。思政课教师是指承担高校思政课教育教学和研究责任的专兼职教师，他们肩负着对学生进行马克思主义理论教育、用先进思想与科学理论铸魂育人的重大战略任务，是实施育人工作的中坚力量。通过讲解马克思主义理论和路线、政策，给学生指明方向，让学生能够树立起正确的思想观念与崇高的道德情操、健康的心理素质，这些都是学生在成长成才过程中，能够提供帮助的可靠力量，同时也是协同育人工作的重要力量。

（2）哲学社会科学课教师。哲学社会科学课教师是协同育人工作中的主体力量之一。哲学社会科学要用马克思主义作为指引，“其他各门课都要守好一段渠、种好责任田，使各类课程与思想政治理论课同向同行，形成协同效应”，努力完成立德树人的根本任务。为此，要激发出哲学社会科学教师参加协同育人的积极性，让他们发挥出其专业优势，并持续提高他们参加协同育人工作的自觉性，逐渐建立起一支具有正确政治方向、对育人工作充满热情的哲学社会科学课程师资队伍。

（3）专业课教师。本文中的专业课教师是基于“课程思政”视角的，是指除了思政课教师，以具体学科为基础进行专业教育的教师群体。课程思政是一种具有独特优势的育人载体，而专业课教师是其最大的开发者和实施者。专业课教师通常和大学生保持着密切的接触和联系，他们可以通过在课堂上教授专业知识，来提高学生的专业素养，还能用自己的言谈举止潜移默化地影响学生；专业课程的教学内容与学生现实生活及个人经历紧密相关。在对学生进行专业知识教学时，要将正确的观念进行有效地渗透和融合。通过价值观念和道德规范的引导，能够让高校思想政治教育更加接近学生现实生活，更易于被高校学生所理解和接受。为此，要强化思政课教师与专业课教师之间的交流，促进课程思政的进一步开发与发展。

2. 日常思想政治教育工作队伍

《高等教育专题规划》中指出，要充分利用日常思想政治教育主阵地作用，强化校园文化建设、网络思想政治教育，为学生排忧解难。日常思想政治教育内容是对第一课堂教育的延伸和补充，它包括了辅导员、导师、心理健康教育工作者、后勤管理服务人员、学生干部等，这些都是引导和帮助学生健康发展的重要力量。

（1）辅导员。在高校中，辅导员是一种特殊的育人主体，他们肩负着对学生进行管理和服务的重任，对学生进行思想教育、价值引领的职责，是对学生进行日常思想政治教育的中坚力量，也是组织、开展和实施协同育人工作的骨干力量。在学生发展道路上，辅导员是引导者，也是陪伴者，他们要对学生所必需的教育学、心理学等专业知识了如指掌，要对马克思主义基本理论进行深入的学习和研究，对当前社会形势和社会热点保持高度的关注，用自己的良好精神风貌和言谈举止来感染和教育学生，并帮助他们解决在学习和生活中的问题。为学生解决困难、提供指导，在培养合格的社会主义事业建设者和接班人中起到很大的作用。

（2）导师。导师是学生开展高校思想政治教育的首要负责人。导师在传授学生专业理论知识的同时，还要加强对他们的政治引导和思想教育。当前，一些高校也已实行本科生导师制，导师在协同育人工作中的地位和作用越来越突出，在高校的人才培养方面具有无可取代的重要性。一般情况下，学生都具备向师性①，他们对自己的导师有着非常强烈的敬意。导师个人的道德品行、学术素养、指导风格等都会直接影响人才培养质量，并在他们的教育指导与日常处事过程中，通过言传身教，影响着学生的精神气质和道德品质。

（3）心理健康教育工作者。高校的心理健康咨询和教育工作队伍，主要由专职教师担任，专兼结合，专业互补。在解决大学生心理困惑的过程中，心理健康教育工作者必然会碰到一些思想方面的问题，这就要求他们

① 向师性即模仿、接近、趋向于教师的心理倾向。

在进行心理辅导的时候，对学生进行思想道德和政治观念方面的引导。心理健康教育是协同育人的一个重要构成部分与实践环节，而心理健康教育工作者则是协同育人的积极力量，因此，心理健康教育工作者要坚定不移地推进高校和谐与安定，强化对学生的关心与引导，努力使高校校园变成安定团结的代表。这是实现协同育人的必要要求，也是未来发展的方向。

（4）后勤管理服务人员。高校的后勤管理服务工作者可以充分运用自己的特色和优势，对大学生思想变化产生积极影响。后勤管理服务人员的日常本职工作，对大学生本身就是一种潜移默化的教育。后勤管理服务人员在工作过程中，所表现出踏实肯干的精神面貌，以及乐于奉献的崇高品格等，都会对大学生产生示范性的积极影响。另外，后勤管理服务人员配合学校制定、完善和实施学生教室、食堂等管理规章制度，对提高学生遵守规章制度的规则意识和维护校园环境的集体意识都有很大帮助。后勤管理服务人员还承担着学生与学校部门间联系沟通工作，将学生的问题和需求及时地反馈给学校有关部门，为学生提供切实的帮助，维护学生的合法权益，确保良好的育人环境。

（5）学生干部。在整个学生群体中，学生干部是积极而有活力的杰出代表，他们是进行日常思想政治教育的一股新鲜力量，充分体现着大学生的自我教育积极能动性。在新的历史条件下，加强大学生的主体意识、充分发挥大学生的自主性和能动性，都离不开自我教育。《关于加强和改进新形势下高校思想政治工作的意见》中明确指出，要提高学生干部的组织力和凝聚力、引导力，强化高校学生会、研究生会建设，推动学生社团等自我教育组织的有序发展和作用发挥。要充分发挥带头示范作用，创造出自我教育的良好氛围，引导广大学生自觉提升自己的知识能力与道德素养，通过自我教育实践，获取积极的情感体验，锤炼出高尚的品德。

（二）高校思政课与日常思想政治教育工作全程育人

在高校中，思政课与日常思想政治教育工作的全程育人，就是要以社会的发展需要以及学生自身的成长需要为出发点，将思政课与日常思想政治教育有机地结合起来，分阶段、分层次、循序渐进地展开指导教育，并将育人工作贯彻在学生整个校园学习生活过程中。其中包括了两层含义：一方面是在入学到毕业、课上课下的各个阶段，能够充分发挥思政课与日常思想政治教育各自不同的作用，确保思想政治教育的连续性；另一方面是要针对大学生的特征和需要，实施针对性强、层次分明的教育。

1. 高校思政课与日常思想政治教育工作的有效衔接

（1）贯穿于大学生涯。根据大学生身心发展特点，普通高等教育被分为四个学年，每一学年的育人工作侧重不尽相同，要求思政课与日常思想政治教育队伍协同育人，确保高校育人工作的全程性。

①大一学年是新生的适应期，在此期间，要通过校园文化建设、心理健康教育等日常思想政治教育方式，开展好新生的入学教育工作；要将思政课的价值引导作用发挥到最大，加强理想信念教育，筑牢思想道德的根基，为后续教育打下良好基础；在协同育人工作中，要引导他们主动地去探索自我，寻找更多的发展机会。

②大二学年是成长期，这个时期的重点是培养学生的世界观、人生观、价值观，而思政课是主要的渠道，日常思想政治教育要与思政课保持密切配合，根据这个时期学生的特点，要做好引导和教育工作，让学生从“舒适圈”和“迷茫区”中走出来，找到自己的定位。

③大三学年是发展期，在这个时期，学生要对自己的未来发展有清晰地规划，实践环节也是在这个时期展开的。因此，思政课的教学要做好针对育人活动的理论指导与价值引导工作。在日常思想政治工作中，要保障育人活动有条不紊地进行。

④大四学年是毕业迷茫期，在此期间，思政课与日常思想政治教育工作的重点在就业及创业教育和实践上，但也不能忽视最后阶段的育人工作。在思政课的教学中，要强化对社会主义核心价值观的外在教育；在日常思想政治教育工作中，要以毕业生为对象，展开各种方式的就业和创业指导主题活动，帮助他们调整心态，建立正确的求学和择业观。

高校学生从入学到就业的四年，分为四个不同的时期，是思政课与日常思想政治教育工作全过程协同育人的关注重点。但在高校学生入学之前和毕业之后的思想状况与现实表现也应当受到重视。在对学生入学前的各方面表现进行了解和掌握之后，就可以强化对学生的初步了解，从而对新生入学教育的顺利展开有所帮助；对学生毕业后的个人动态进行跟踪与回访，这属于对育人工作的延伸与完善，对增强育人工作效果的有效性与持续性有帮助，也是对育人工作本身的反馈，可以据此进一步调整、完善育人工作。

（2）贯穿于课堂内外。思政课与日常思想政治教育工作的全程育人，具体表现为从课堂上育人到课堂下育人工作的有效衔接。思政课以理论教育为主要内容，它着重于学生思想政治品德形成的理论认知与思考感悟阶段。在教学内容的设置方面，主要是利用有关的专业课程，向大学生传递马克思主义思想观念、政治观点和道德规范，用科学的思想理论来激励他们，从而使他们形成崇高的道德情操和优良的道德行为。学生在课堂上受到良好的思想道德教育，他们所获得的理论知识要在他们课下实践和平时的活动中进行实践、强化，这样他们可以将知识内化于心、外化于行，从而变成指导学生学习和生活的强大精神武器。这就需要将思政课与日常思想政治教育工作进行紧密地结合，从而达到在课上课下的全程协同育人，达到在理论与实践的相辅相成。

在课堂之外，把实践教学和实践活动作为载体，重视把日常思想教育的优势充分利用起来，在实践活动中，让学生能够更好地了解所要学习的教育内容，并帮助他们得到积极的情感体验，让学生在实践中增长眼界、接受教育、锤炼品格，培养学生的社会责任感。在课堂上，思政课教学可以借助课堂下的日常思想政治教育工作来扩大课堂教学的范围、深化理论教学的效果。在课后，日常思想政治教育工作可以借助课上思政课教学来提升理论水平、增加专业内涵，这两种方式协同育人、密切配合，让课堂教学和课下的活动可以相互贯通，这就可以确保学生的思想道德知、情、意、信、行教育有效连接和转换。

课后时间主要指的是在学校期间进行的日常自主活动时间，以及寒暑假等的各类假期，但是对于学生们在假期中进行的思想政治教育也需要重视。进行思想政治教育工作，一定要有始有终、持之以贯，思政课教学应该将课堂上的教学适当延伸到假期，并与平时的思想政治教育工作相结合，在假期内开展社会实践、家访等活动。思政课与日常思想政治教育在课上课后进行的协同育人工作，要在充分利用课上时间的前提下，主动地做好学生在学校和不在学校期间的课后育人工作，这是高校思政课与日常思想政治教育工作进行有效衔接的一个关键。

2. 高校思政课与日常思想政治教育工作的分类指导

大学阶段的学生自我意识发展迅速，人生观和价值观逐步形成和稳固，随着生活内容的逐渐丰富，他们越来越重视和关心社会发展状态和自己生存的价值等重要问题。所以，在高校思想政治教学中，要注意到学生个体特殊心理和思想的改变，要将思政课教学与日常思想政治教育工作结合起来，分类指导，从而推动学生自身的成长和发展。

不同的家庭背景、不同的学习经历、不同的兴趣特长等，都使得大学生存在着个体差异。这取决于学生个体不同的身心素质发展状况与外在环境的影响，并且，同一学生主体在不同的阶段，所面临的发展难处与思想困惑也是不尽相同。所以，在开展协同育人工作的过程中，要充分考虑到学生在自身发展过程中存在的个体差异，并根据具体的对象、具体的情况，确定出各自的工作侧重点，采用更加有针对性的工作方式。在开展理论教育的时候，要注意到学生在知识储备、性格特征等各方面存在的差别。与此同时，还要对学生的心理、思想等进行密切的关注，对学生的发展状况进行全面的认识，对育人内容进行持续改进，与学生的个人特征相联系。在日常思想政治工作教育中，更应该充分发挥好主阵地的优势，把关注大学生、培养大学生、发展大学生作为目标，与学生之间构建出一条密切的感情连接线，强化与学生之间的感情交流，对学生的主观能动性给予足够的关注。让学生在内容丰富、形式多样的教学活动中，能够自觉地、积极地接受思想政治教育，从而推动大学生自由而全面地发展。思政课与日常思想政治教育应该协调一致，对学生心理、思想的变化和发展进行跟踪，根据学生的特征和需要，对他们进行因材施教，保证教育工作的全面性和针对性，让每个学生都能够享受到教育的机会，发展出自己的独立个性。

（三）高校思政课与日常思想政治教育工作全方位育人

在高校中，思政课与日常思想政治教育工作的全方位育人，就是通过各种途径、利用各种载体，将协同育人融入学校工作的教学、管理、实践等各个方面中去，构建出一个全方位、多层次的育人空间，将各类教育资源与平台进行充分的挖掘和利用，让协同育人工作无处不在。在高校思政课中，要对学生进行全方位育人，它包含了两个方面：从空间层面来看，协同育人要对有形和无形的育人阵地进行充分的利用；在育人资源方面，应充分挖掘各类显性与隐性教育资源。

1. 有形育人阵地与无形育人阵地

（1）有形育人阵地。高校思想政治教育有形阵地是指大学生能够真切感受到的、能够体验到的学校客观存在。例如，教室、图书馆、公寓、食堂等，思政课与日常思想政治教育工作发挥作用的具体地点，它的特点是广泛性、稳定性、外显性。有形阵地的育人作用最显著。在这些地点之中，教室是开展协同育人工作的第一场所，一个明亮、开阔的课堂环境，会将良好的精神状态潜移默化地传递给学生。安静温馨的图书馆，能够激发人的求知欲，滋润人的心智。公寓和食堂是大学生在日常生活中必不可少的场所，也是他们放松精神、整理思绪的主要地方。此外，美丽的校园自然环境可以陶冶情操，内涵丰富的校园建筑可以让大学生在欣赏风景、修养身心的过程中受到教育熏陶。

（2）无形育人阵地。无形的育人阵地主要是指网络平台。随着互联网技术的不断发展，给协同育人工作带来了全新的理念，这也让协同育人的内容与方式都变得更加丰富，在某种意义上，它还提升了对育人工作的亲和力与实效性。但是，互联网平台作为“双刃剑”，一方面为学生的育人工作提供了方便，拓宽了学生的眼界；另一方面也带来了很多不良的影响，这些信息对学生的身心健康和学习生活造成了很大的不利影响，使学生的思想政治教育工作面临着考验。高校思政课与日常思想政治教育的协同育人要充分发挥平台网络的作用，思政课教学要积极丰富教学内容，不断创新教学方法，思政课教师要及时掌握网上的实时情况，对学生所关注的时事热门话题保持高度的重视；日常思想政治教育工作要以互联网为基础，打造一个立场鲜明、独具特色的思想宣传与学生服务网络工作平台，让它成为一个有思想、有内涵、有温度的信息传播媒介和师生交流的平台，同时也是开展学校协同育人工作的一个重要载体。在此基础上，充分发挥互联网的先进性、实时性和便捷性，做好二者协同育人的沟通工作、协同工作，构建思政课教师和日常思想政治教育工作者之间的在线交流平台和协作机制，达到信息共享、资源互惠的目的。

2. 显性教育资源与隐性教育资源

（1）显性教育资源。显性教育指的是具有计划性，可以突显教育本身和教育效果的存在感的教育。由于它具有清晰的目标规划和组织体系，教育的主体和客体都比较固定，教育的内容系统化和理论化，还可以提供明确的育人结果反馈。因此，显性教育具有了隐性教育无法比拟的优势，它可以对整个教育活动发挥定向、调控和评价。

显性教育资源包含在教育、实践、服务等思政课，与日常思想政治教育工作实际育人环节中的各种育人资源。协同育人要以显性教育为基础，深入挖掘各种显性教育资源，要把明确的教育目标作为其价值标准，把服务于社会发展需求和学生的全面发展作为其最终导向。从教学到科研、管理、组织等各项育才活动，在交流报告会等具体育人活动中，对隐藏在这些活动中的育人资源进行深度发掘，使显性育人资源的教育作用得到最大限度地发挥。

（2）隐性教育资源。隐性教育是指为了消解教育者的存在感，而对其本身的存在感进行掩盖的一种育人形态。隐性的思想政治教育，就是教育者将显性的教育内容，渗透于整个教育过程之中，让受教育者在不知不觉的情况下，产生思想、态度等方面的改变，以形成崇高道德品质和良好行为习惯的育人实践形态。高校隐性思想政治教育资源是思想政治教育得以实施并发挥作用的基础。校园精神文化、心理文化等都是隐性育人资源，它们隐蔽式地存在于校园之中，成为学生日用而不知的潜在育人要素，却以其特有的渗透功能与感染作用，对学生的内心世界、行为方式产生着重要的影响。对隐性育人资源进行挖掘，将其重要功能充分发挥出来，将显性与隐性教育资源相结合，进行协同育人，这是现代思想政治教育的必然发展趋势。

三、高校思政课与日常思想政治教育工作协同育人的内在特征

基于“三全育人”的研究视角，以协同学理论为理论基础，表现出了高校思政课、日常思想政治教育工作在协同育人的基础上所具有的内在特性，包括开放性必然要求、序参量关键因素、自主性内在动力。开放性就是各个子系统在一个开放的环境中，通过沟通和合作来提高系统的总体效能；序参量是指系统内部各个子系统中对其他状态变量起主导作用的一种因素，它对系统的结构、功能和运行过程起着决定作用；自主性是指各个子系统之间自发地进行内部协同与合作，而不会受到外部环境和因素的干扰。

（一）开放性是协同育人协作系统的必然要求

“三全育人”视野下的高校思政课与日常思想政治工作协同育人，在协同育人的主体、过程、空间等方面都呈现出开放性的特点，这是协同育人作为协作系统的必由之路。

首先，协同育人的主体是开放。目前，实施育人工作的主体已经从传统思政课教师扩展到了专业教师，从辅导员扩展到了导师、后勤服务人员等。大学生是受教育主体，他们也从传统的受教育角色，逐步转变成了协同教职工开展思想政治教育工作的主动力量。在开放性的要求下，协同育人工作队伍持续发展壮大，表现为多元主体共建性。

其次，协同育人的过程是开放的。全程育人要求思政课与日常思想政治教育工作协同育人，并扩展到课内外的教育教学和学生成长成才的全过程。一方面，要保证从入学到离校，从课上到课下，都具有全程性与延伸性。另一方面，要对高校学生心理、思想的发展和变化进行关注，利用各个方面的课堂教学和多种形式的日常思想政治教育，来展开育人工作。

最后，协同育人体系的空间特征是开放的。所谓的全方位协同育人，就

是将多维育人空间载体融合在一起，包括了课上课下、校内校外、网络现实等，它拥有单一育人空间无法比拟的优势。要想将思政课与日常思想政治教育工作的协同育人整体功能充分地发挥出来，要在一个开放的环境中，扩大育人主体，延长育人过程，扩大育人空间，才能够产生更大的协同效应。

（二）序参是协同育人有序进行的关键因素

协同学理论中的伺服原理认为，序参量对系统演化具有决定性的影响，而状态变量对系统有影响但未构成决定因素。高校思政课与日常思想政治教育工作协同育人系统中的序参量为：立德树人根本共识、学生身心发展规律。育人过程中的育人力量、育人资源、育人平台等要素，是状态变量。序参数与状态变量之间存在着一种非线性的关系，在系统中的各个要素能够突破彼此之间的隔离，并与外部进行信息和物质交换的时候，序参量才能够完全地发挥作用，进而推动系统中的秩序形成。系统内部要素众多且构成复杂，各有各的功能，共同维护和推动着整个系统的有序发展。在开展协同育人工作的过程中，要从系统性和全局性出发，对协同育人系统进行重点地关注，并在实践中尤其要注意那些对系统协同发展具有重要影响的序参量。与此同时，对有关的状态变量数进行合理调整和整合，将序参量与状态变量进行统筹，突出重点、兼顾整体，促进思政课与日常思想政治教育协同育人的成功实施和良好运行。

（三）自主性是协同育人长效发展的内在动力

在大自然和人类社会中，所有的系统都可以在它们的内在子系统间进行互动、合作，从而构成自组织的系统，在一定的物质与能量的支撑下，能够自我协调各元素之间的关系，完成特定功能。高校思政课和日常思想政治教育工作的协同育人目的，就是要将协同育人系统的自主性充分发挥出来，把共同育人目标作为指导，让各个育人主体都能主动地、高效地参加到协同育人工作中来，并在彼此之间的联系和协同合作中，将各个要素的育人功能充分发挥出来，从而激发育人体系的内部动力，推动育人机制的合理运行，进行主动地自我调节和优化，实现思政课与日常思想政治教育工作协同育人系统的自我完善和自动运转。自主性是高校协同育人体系科学化和成熟化的外部表现，它反映出高校协同育人系统的自动化和有序性，是高校协同育人系统理性运转的内部需求。与此同时，自主性是实现协同育人长效发展的内部动力，是推进思政课与日常思想政治教育协同育人系统实现新均衡和稳定状态的主要力量。

第三节 “三全育人”视域下思政课与日常思政教育工作协同育人的目标与原则

一、高校思政课与日常思想政治教育工作协同育人的发展目标

（一）高校思政课与日常思想政治教育协同育人全员有力参与

目前，我国高校育人工作取得了长足的进步，但育人实效性还有待提高，育人工作合力是影响育人实效的主要因素。协同育人的主要发展目的，就是要将学校中的所有工作人员都动员起来，共同努力，最终构建出由各个组织、各个部门、所有工作人员齐抓共管的协同育人新格局。

“三全育人”理念最突出的特点和要义就是要形成全员有力参与的强大育人合力。要想促进全员育人有力参与，就要打破错误的育人理念，即对学生展开思想政治教育是全体育人主体的一项共同责任，而不是思政课教师或辅导员的专属任务。此外，思政课教师要改变传统教育方式，激发学生的学习热情，提高育人效果。随着网络技术的飞速发展，世界经济、政治、教育等都在发生深刻的变化，交流变得越来越方便、频繁，尤其是便捷地获得信息，让人与人之间的交流和关系得到了很大程度上的改善。

与此同时，不同的思潮与文化碰撞也给主流意识形态带来了冲击。由于大学生对新事物充满好奇心，他们很容易被没有经过甄别的各种不良信息所影响，因此这就需要育人主体及时地、有针对性地对学生进行引导，但是，这并不是单纯依靠思政课教师的力量就可以做到的，而是要动员学校所有的工作人员，才能做到从课上到课下，从网上到线下，从教室到宿

舍，全方位、实时地了解到学生的思想动态，并针对学生出现的种种疑惑展开指导。高校思政课与日常思想政治教育协同育人要让全员参与到其中，就需要调动全体工作人员开展思想政治教育工作的热情，把学生放在核心位置上，通过不同组织、不同主体之间的分工协作，形成一股可以实现协同育人目标的强大力量。

（二）高校思政课与日常思想政治教育协同育人全程有效衔接

协同育人指的是围绕着学生的思想动态变化而进行的，具有阶段性、系统性、开放性的教育实践活动，要用联系、发展的眼光来对待思想政治教育的生成、运行过程。这就需要高校思政课与日常思想政治教育的协同育人，要渗透到学生的学习和生活中，实现全程有效衔接的发展目的。

思想政治教育是一种长期的、系统的、铸造灵魂的工程，不能够一蹴而就，也不能一劳永逸。由于人的思维方式具有易变性、波动性、隐蔽性等特性，这就需要协同育人工作在学生身体和心理发展特征的基础上，对他们展开持续的、全方位的教育工作。一方面，协同育人工作要以学生的长期发展为出发点，努力让他们能够完成对理想信念、道德规范等的吸纳和内化，保证教育工作的全程性、有效性，让他们在逐渐提升的过程中，能够养成稳固而持续的优良道德品质和行为。另一方面，协同育人要在全程育人的有效衔接中，做好关键时期的教育工作，要做到事半功倍。关键期是指在大学生的成长和发展历程中，会短暂出现而影响重大的特殊时期。在此阶段，大学生的心理状态复杂多样，面临的选择多样，亟待育人主体及时而有针对性地开展教育。高校思政课和日常思想政治教育的协同育人，就是要实现整个过程的高效连接，既要考虑到未来的发展，又要重视关键时期的教育，确保育人工作的长期稳定和侧重点突出，让大学生在一个良好的育人环境下不断提升自我。

（三）高校思政课与日常思想政治教育协同育人全方位有机联动

全方位、有机联动是高校思政课与日常思想政治教育工作协同育人在空间上的发展目的，具有开放性、广泛性和整体性特点。随着国情、世情的发展变化，协同育人工作也要与时俱进，进行改革创新，构建全方位、立体式的综合性育人系统。在高校的思想政治教育系统中，存在着大量的育人资源与载体，这些资源与载体之间相互影响、相互融合，对不同的学生以及他们成长的各个时期都有不同的影响，同时还会对他们的思想转变和心理活动的过程造成影响。

例如，从微观角度来看，在育人主体的层面上，老师崇高的道德情操与良好行为举止都是可以对学生的个体品行塑造产生直接影响，并形成育人资源。在育人活动中，育人主体所展现出的积极情绪状态和独特的人格魅力，会对学生的情感体验和认知效果产生直接的影响。所以，要善于利用育人主体本身所具有的育人资源。同样，课程也是一种非常重要的育人资源。例如，要与地方实际相结合，开发实践活动课程，让学生在亲身经历的过程中，对自己的道德认识进行升华。因此，设计完善的课程通常可以获得更好的育人效果。

在宏观层面上，校园文化是一个三维的网络结构，它隐藏在校园建筑、师生交往等显性和隐性的载体中，以特殊的物质或精神形式，对学生起着全方位、整体性、渗透性的教育作用，要对校园文化进行有效的发掘和利用。在高校思政课与日常的思想政治教育进行协同育人中，就要将每一个要素的整体性、联动性都充分地发挥出来，让每一个要素都成为有机的立体作用，从而达到协同育人的全方位、有机联动。

二、高校思政课与日常思想政治教育工作协同育人的推进原则

（一）坚持以人为本

主体性是人作为对象性活动的主体所具备的一种基本属性，它是人在认识和改造外界以及人自身过程中所展现出的一种自主性、能动性和创造性。思想政治教育的工作人员和工作对象都是现实的人，因此，在构建思政课与日常思想政治教育协同育人策略时，应当遵守的原则就是坚持以人为中心，遵守学生身心发展规律，尊重并激发他们的主体性，推动他们的个性独立和全面发展。

做好高校的思想政治工作，要遵守思想政治教育工作的规律，遵守学生成长的规律。这是高校进行思想政治教育工作的原则和实施文化育人的基本原则。要使协同育人工作遵循学生的成长发展规律，就要尊重学生，关爱学生，让学生的主体作用和创造精神得到最大程度的发挥。

一方面，要以人为中心，从学生的现实发展和个性需求出发，对育人主体进行优化，使更多的育人主体加入协同育人中来，提高育人质量，让学生在学习和生活中感受到更多的关爱和协助；充实育人的内容，并与学生的发展特征相联系，进行既有思想性又有趣味性的育人实践活动，使学生们在一个舒适愉快的氛围中得到良好的教育；改变育人模式，利用现代化的信息技术对传统的育人模式进行优化，在持续的改善中，为学生营造出一个协同的育人环境，提高学生的获得感和享受感。

另一方面，要坚持以人为本，充分尊重学生的主体地位，发挥学生的主体作用。要引导学生积极参与到协同育人工作中去，最大限度地利用教育的力量，要注意在育人主体与学生之间，基于平等的前提下，进行信息反馈和双向沟通，认真听取学生的不同意见和建议，对协同育人的内容与方式进行改进，在师生共建共享中，实现更好的育人效果。

（二）坚持系统优化

在系统中，由于各个要素和它们之间的相互联系，很容易出现矛盾和冲突。因此，要以系统优化原则为基础，来对系统中的不协调进行处理，从而让系统的结构变得更加合理，功能变得更加完善，运行变得更加有序。在高校思政课与日常思想政治教育协同育人工作中，有多种构成要素，并形成了多样化的各种组织，而进行系统优化，则是要使要素之间、组织之间以及组织与要素之间进行良好的交互，从而达到系统功能正面效应的最大化实现。

将协同育人看作是一个系统的整体，它由若干的子系统、子系统和要素组成，而这些子系统与子系统、要素之间又具有多种交叉和包含的关系。思政课教学和思想政治教育工作是协同育人系统中相互关联的两个子系统，它们在其系统内部分别包含人、课程、平台、资源等各自子系统与构成元素，构成了复杂、有机的协同育人整体系统。所以，在实施协同育人时，要坚持系统优化的原则，将思政课教学和日常思想政治教育、各构成因素结合起来，不要过于突出思政课的重要性，将思想政治教育的重担完全落在思政课教师肩上，更不能低估和夸大日常思想政治教育工作各组成因素的作用。在高校的思想政治教育工作中，思政课教学和日常思想政治教育工作是紧密联系和相互依存的，要真正实现整体性育人效果，就需要两者共同努力。

尽管思政课与日常思想政治教育工作是两种不同的育人系统，不同的组织、部门、个人的责任和要求也各不相同，但是，在整个思政课与日常思想政治教育工作协同育人的运行过程中，都要遵循系统优化的原则，以最大限度地发挥整体效能。若部分育人主体对协同育人工作目标不明确、落实不到位，或只重视在某一阶段、某一平台开展育人工作，都会影响整体育人效果。因此，高校思政课与日常思想政治教育的协同育人，要遵循系统优化的原则，充分发挥育人系统的整体性和协调性，重视思政课教学与日常思想政治教育工作的配合，让系统中的各个组织、个人齐心协力，在系统的可控范围内，达到最优的育人效果。

（三）坚持创新发展

创新是促进民族进步和社会发展永不枯竭的力量，它是高校思想政治教育保持旺盛生命力的源泉，也是高校思政课与日常思想政治教育协同育人策略建构中应该遵守的基本原则。要始终坚持创新发展的原则，这就需要在推进高校思政课与日常思想政治教育协同育人的过程中，融合时代特点、继承优良传统、创新内容形式、探索科学方法。

坚持创新发展，是能够驱动系统不断发展的强大力量，在这个不断与外部世界进行信息交流和物质交换的过程中，系统可以不断地吸收新鲜、有益的因素，从而让系统能够更加有序地运转和发展。高校思想政治教育协同育人系统更是这样，尤其是在一个飞速发展的新时代，随着经济和网络社会的快速发展，大学生正处于成长发展的重要阶段，他们的思维活跃、心理多变，他们关注国家大事、热心社会发展，展现出了青年学生特有的朝气与活力。

要给协同育人工作带来新的生机和动力，就要坚持与时俱进，适应时代的发展要求和大学生的思想变化，更新育人内容，改革教育的方法。所以，要在思政课与日常思想政治教育的整个活动中，贯彻创新发展的原则，要对传统的教育理念、内容、方式等展开创新性的传承与转换，注意对传统的思维方式和行为方式进行突破，保持传统的育人优势。要善于发现并借鉴其他学科领域中的科学理论和成功经验，拓宽协同育人的思维和视野，用联系、开放的眼光去吸收新的东西，帮助协同育人工作在持续改善中进行创新发展。

第四节　“三全育人”视域下思政课与日常思政教育工作协同育人的推进路径

一、拓展主体、优化队伍，构建全员协同育人的组织体系

（一）拓展主体

1. 高校领导干部和共青团干部领导队伍

在建立协同育人工作格局中，高校领导干部和共青团干部领导队伍是主要的领导者和主力军，要始终坚持对高校思想政治工作的正确认识，要统筹全局、协调各方。准确、全面地把握学校各种工作的运作规律和学生身心发展特点，尤其是掌握协同育人的重要内涵和实践要义。除此之外，还应该起到表率作用，提高自身的思想素质和理论素养，这样不仅可以统筹全局，对工作进行部署，还可以上好思政课，做好理论解释工作。同时，还要积极参加日常的思想政治教育工作，增强与广大师生之间的平等接触、沟通和联系，对师生关心的一些理论和实际问题进行解答和讨论，认真听取他们的意见和建议，积极主动地开展工作，努力做好高校思政课与日常思想政治教育协同育人工作的主要组织者、实际推动者、积极的参与者。

2. 思政课教学工作队伍

思政课教师是思想政治教育的主力军，是落实立德树人根本任务的关键群体。思政课教师应该对自己所承担的使命和职责有深刻的理解，对自己所从事的工作对学生成才、民族进步的重要意义有深刻认识，坚定理想信念、积淀扎实学识。与此同时，要充分认识到自己在思政课与日常思想政治教育协同育人工作中所处的中心位置，要强化与各个育人主体之间的联系和互动，并积极引导其他育人主体加入协同育人工作中来。

在“三全育人”的视野中，实施思政课和日常思想政治教育协同育人工作，不能仅仅依赖于思政课和思政课教师，而是要让所有的教师都参与进来，共同努力，让每一门学科的教师都和思政课教师同向同行，让专业课教学和思政课教学在一个频率上产生共振。政府一直非常关注高校的思想政治教育工作，并提出高校要坚持立德树人的基本原则，落实“三全育人”的理念，制定针对各学科教师参与思想政治教育工作，建立适合高校特点的各项规定和制度，提高高校教师参加协同育人工作的责任心和积极性，把全员育人的职责明确到人，将协同育人的目标落实到位。

3. 日常思想政治教育工作队伍

辅导员是高校实施协同育人工作的重要组织者与主要实施者。要正确理解和掌握大学生身心健康发展的基本原理规律、相关理论知识，教育引导学生健康成长、全面发展。同时，辅导员要充分发挥增进各主体间沟通联系的桥梁和纽带作用，引导导师、心理健康教育工作者、后勤管理服务人员、学生等重要育人力量参与到协同育人工作中来。

导师是学生成才道路上的指导者，是贯彻立德树人的根本任务、促进学生健康发展的关键责任人。需要高校明确导师在立德树人中的工作职责、落实方法和实现途径，提高教师对“第一责任人”角色定位的认同感，推动导师作为思政课与日常思想政治教育协同育人工作的有力参与者和重要贡献者。

心理健康教育是协同育人工作中必不可少的一个方面，也是协同育人工作的重要内容和具体实践环节。高校心理健康教育工作者要明确自己的工作定位与职责，明晰心理健康教育与思想政治教育的内在关系，担负起对学生进行心理辅导与思想引导的双重责任。基于这一认识，各高校应进一步理顺工作思路，落实各项政策措施，促进高校心理健康工作的良性发展，加强协同育人的工作实力。

后勤管理与服务工作是一项潜移默化的、日常持续的思想政治教育工作，高校要指导引导管理与服务人员深刻领会“三全育人”的精神，确立其育人职责，增强其育人意识，把育人工作的实施主体扩大到管理与服务人员，充分利用管理与服务的育人功能。通过管理、服务人员平时的工作，以及他们的实际行动来感染、教育学生，用他们崇高的职业道德和独特的人格魅力去影响学生，塑造学生良好的品德。

充分发挥大学生自我管理、自我服务和自我教育的主体功能，是实现全员协同育人的重要途径。在思政课教学与日常思想政治教育的协同育人工作过程中，教职工群体要强化自己与学生主体之间的紧密联系，从而及时地获取育人的效果反馈和工作改进的建议，提高协同育人工作的成效。与此同时，要重视对学生骨干力量的培育，将优秀学生群体的榜样和引领号召作用发挥出来，为高校思政课教学与日常思想政治教育的协同育人工作注入一股富有朝气的新生力量。

（二）优化队伍

1. 加强对育人主体的培养支持

（1）提供专门的思想政治教育培训机会。在高校中，要构建专门的育人主体培训基地，如：思政课教师培训基地、辅导员培训基地等，为各个育人主体提供更加专业、更加全面的培训教育。经过对学生的理论锤炼和能力培训，真正提高高校思政课与日常思想政治教育协同育人队伍的育人能力与实践水平。

（2）针对各协同育人主体存在的弱项与短板展开有效培训。对于思政课教师，要加强对实践、服务等育人工作的了解与认识，鼓励思政课教师参加校园文化活动、社会实践活动等育人实践，将思想政治教育理论知识融入日常交流和实践活动中，推动课堂教学的有效延伸。在日常的思想政治教育队伍中，要将理论教育作为重点，辅导员队伍、心理健康教育者等要强化对先进理论成果与科学育人理念等的学习，后勤管理服务人员更要自觉主动地进行理论学习，同时提高管理、服务育人的职业素养和工作能力。

（3）要开展思政课与日常思想政治教育队伍间的交叉培训。比如，在思政课教学和备课的过程中，可以邀请日常思想政治教育工作者也参与进来，这样不仅能够推动他们对自身理论知识的学习和自身素养的提高，还能够让思政课教师更多地了解到学生的日常思想、行为表现，进一步增强思政课教学的针对性和有效性。

（4）为协同育人提供了主体的学习培训支持。要为思政课教师和日常思想政治教育工作者两支队伍提供必要的支持，让育人主体有机会参加学术会议、外出培训、进修等。

2. 深化育人主体间的广泛互动

（1）协同开展课题研究。利用沙龙讲座等交流活动和科研平台，给思政课教学和日常思想政治教育队伍提供一个相互沟通的机会，双方针对思想政治教育工作中出现的具体案例进行探讨，在沟通中激发灵感、生成方法，让不同的思想政治教育主体之间可以相互了解、相互促进，让各育人主体在目标、着力点等方面可以有效对接，形成密切联系的协同育人整体。

（2）协同开展实践合作。充分发挥思政课与日常思想政治教育中不同育人主体的独特优势，在社会实践、校园活动等具体实践活动中进行协作，增强育人主体之间的实践交流，提高不同思想政治教育育人主体的育人实践经验，在积累实践经验的基础上，推动思想政治教育理论研究的深化。

（3）互相提供育人机会。思政课和日常思想政治教育的协同育人主体，可以从自己的“舒适圈”出来，走向其他育人位置，展开育人实践，比如思政课和其他专业课程的教师可以兼任辅导员和班主任，辅导员也可以兼任思政课教师和心理健康教育工作者。通过对各育人主体所具有的潜在育人优势进行深度挖掘，从而将思政课与日常思想政治教育协同育人主体的积极性、责任感充分地调动起来，推动协同育人整体效能的发挥。

3. 优化对育人主体的考核评价

对于教育者而言，一方面在对育人主体的考核评价中，要始终坚持评价内容的多元化。对具体工作的参与程度和效果给予足够的重视。对思政课与日常思想政治教育协同育人的具体目标与职责分工进行明确划分，制定可量化、规范性的考核评价指标，在日常考核和年度考核中，将协同育人工作的考核项目纳入其中，对表现优异的个人和集体进行专项奖励。另一方面要健全晋升通道，重视选聘制度在促进思政课和日常思想政治教育共同育人中的激励作用。让学校表现突出、热爱育人工作的辅导人员、管理人员等有机会转岗成为思政课教师，从而为思想政治教育协同育人工作拓展良好的人力资源。尤其是要健全高校辅导员的双线晋升机制，积极实施晋升政策，规范考核评价体系。

对于受教育者而言，在对学生的考核过程中，要将理论和实践两方面的成绩进行综合考量。对学生的考核其实就是对思政课与日常思想政治教育协同育人效果的检验，通过对学生的考核评价，可以对协同育人队伍产生激励与优化效果。一方面，要将日常思想政治教育融入思政课考核体系中去，要对学生平时的表现与实践进行考察与评定，引导他们重视理论学习的实践运用，把他们所学的理论知识和技能等应用到实践中，并在实践中加深理解、锤炼品格。另一方面，对思政课的考试，应该涵盖理论和实践两个方面，让学生注重把理论和实践相结合。在其他的专业课中，也应该加强对学生理论和品德的考核，考核的内容应该侧重于学生对基本理论和技能的掌握，同时考查学生的理论和实践的应用能力，这样才能更好地达到以理论指导实践，以实践强化理论的目的，推动协同育人工作的顺利开展。

（三）构建全员协同育人的组织体系

1. 在学校领导下，加强协同育人顶层设计，统筹规划和推进协同育人工作

要构建起以学校党委为中心的协同育人统一领导机制，坚持党委负责、全面推进的工作原则，党委领导要起到表率作用，把方向、控全局、

谋大事，从上到下，把好协同育人的规划和建设工作，具体包括协同育人的工作规划、保障机制等关系到协同育人效果的重要问题，确保协同育人工作在正确的方向上科学、有序、顺利地推进。

2. 成立思政课与日常思想政治教育协同育人工作领导小组

在高校层面上，可以建立以党政领导为主的协同育人领导小组，对协同育人工作进行领导、支持和监督。并成立学生工作处、后勤管理服务部门等各组织、部门、人员联合组成的学生思想政治教育协同育人联动工作小组，对思政课与日常思想政治教育协同育人工作展开专题研讨，就协同目标、协同策略等问题展开讨论，从而推动思政课与日常思想政治教育全员、全程、全方位协同育人工作开展的标准化、长效化。

3. 建立和完善以学院为单位的协同育人二级管理体制

学院是高校思政课与日常思想政治教育协同育人工作的最基本的组织单位，而学校的政策执行和人才培养成效与学院协同育人工作的开展有很大关系。学院要始终遵循学院党委的集中统一领导，在学院的党政负责人带领下，与学校的其他职能部门紧密合作，提高工作效率，完善管理机制，根据学院和学生发展的实际和需要，制定适合学院的协同育人工作方案，增强教育工作的针对性和实效性，并与学院的教学、管理和服务等工作相结合，统筹、高效地推进协同育人工作开展。

二、遵循规律、贯通环节，制定全程协同育人的科学规划

（一）遵循规律

1. 思想政治工作规律

在高校中，思政课要与日常思想政治教育进行协同育人，并且要遵守思想政治工作的规律。首先，要将思想政治工作的基本政治导向牢牢地坚守住，对主流意识形态进行有效的维护，育人主体要做出好的榜样。引导学生在学习和应用科学理论和先进思想的同时，对一切不良的意识形态进行自觉抵制，并进行坚定地反对错误思想。其次，要根据学生的心理、思想和行为变化，及时地对育人内容和途径进行调整，更新育人内容，创新

育人手段，确保育人工作的长期连贯性。

2. 教书育人规律

“教书育人”就是教师在教授专业理论知识的时候，培养学生崇高的品格，通过言传身教，用自己的品行和人格魅力来影响学生，在教学过程中，引导学生提升自己的道德修养，以达到知行合一的目的。高校思政课与日常思想政治教育共同育人工作的中心是教书育人，教书育人的规律反映出了教育科学化与人性本质的有机统一，因此，要对严格地遵守教书育人规律，以达到教书与育人的相互促进、有机统一的目的。协同育人要想教好书，就应该对教学的内容和方式进行创新，加强协同育人的功能，细化协同育人的对策。育好人要引导育人主体以德立身、以德施教，增强育人意识，在言传身教中，培育出学生的良好品德。

3. 学生成长规律

学生的成长具有阶段性、动态性和发展性，它是一个对外界客观条件和内在主观因素进行持续调整的矛盾运动过程。学生从刚进入学校时的迷茫，到逐渐成长，再到离开学校时的依依不舍，迈入人生下一阶段的惴惴不安。在学生成长的每个阶段中，存在着各种各样的问题和矛盾，这些都会给学生的心理、思想和行为带来一些波动和变化。在高校思政课与日常思想政治教育的协同育人工作中，一定要遵守学生的成长规律，要对学生的自我管理、自我教育的能力给予充分的尊重，充分发挥学生的主体能动性。以学生为中心，协同育人工作要做到与学生实际紧密结合，走进学生的心灵世界，而不是敷衍了事。关爱学生，要对他们的学习、生活等各个方面给予深切的关怀，为学生提供服务，要始终在服务中引导、感染学生，更好地发挥出协同育人主体的重要作用。

（二）贯通环节

1. 做好关键时期育人工作

（1）入学时期。刚进入高校后，进入了一个新的发展环境、新的人生阶段，教学模式、生活节奏发生了改变，这会给学生带来很大的心理上的改变。在新的环境中，学生很可能会出现迷茫、焦虑等不良的心理状态，从而很难融入新的环境，完成角色的转变。思政课教师和日常思想政治教育工作队伍要协同，为全程协同育人工作做好铺垫、积累经验，思政课教师、辅导员管理与服务人员等要共同努力，提供心理健康教育、职业规划教育等，让大学生能够及时地调整自己的心态，坚定理想信念，并确定将个人未来与民族发展紧密联系起来的大学生涯发展规划。

（2）中期考核阶段。在这一阶段，学生们入学时间较长，他们对学习和生活的各个方面都已经适应，因此他们的迷茫和焦虑会有所降低，但是他们的心态会变得懒散和懈怠。高校思政课和日常思想政治教育协同育人工作，要把这一阶段作为一个学生成长发展的重要阶段，既要关注到学生的学习状况和活跃程度，又要关注到他们的心理和思想的改变，各个育人主体之间要加强沟通，以问题为导向，注意全面性和针对性，解决他们面对的新情况和新问题，让他们从“舒适期”中走出来，从而焕发出新的活力。

（3）毕业时期。毕业阶段是大学生所面对的又一抉择阶段，也是高校思政课与日常思想政治教育贯彻全程协同育人工作的最后一程。因此，成功的毕业与重新出发是大学生所要面对的一项重大任务，思政课与日常思想政治教育协同育人要根据学生们的发展情况，对他们进行分类引导。对决定就业的学生要进行好的就业指导工作，对决定继续学习的学生要做好压力疏导工作，尤其要把重点放在毕业后暂时待业的学生身上，做好他们的心理疏导和发展的指导工作。思政课与日常思想政治教育全程协同育人工作并不是以毕业为终点，而是要把毕业当成学生发展的新起点，从而提高育人工作的持续有效性，让学生以良好的道德情操与高昂的精神状态，向人生下一个阶段迈进。

2. 做好全程育人衔接工作

（1）课上课下育人工作。在课上课下，如何进行育人工作的衔接，是思政课与日常思想政治教育全过程协同育人的一个重要着力点。在开展课上课下育人工作的过程中，要注重课上教学和课下思想政治教育内容之间的有效衔接和相互延伸，它们之间的关系做到各有重心，也可以互为一体，最终达到协同育人的效果。各级党委与工作小组要对大局进行全面的把控，并对与思政课教学计划相符的课下日常思想政治教育工作进行规划和安排，这样可以防止课上课下的育人工作出现分裂现象，让课上课下的育人在内容融合、方式契合等方面得到充分的体现，进而让思政课与日常思想政治教育协同育人高效衔接起来，让协同育人工作可以按照计划有序、顺利地展开。

（2）假期思想政治教育工作。假期的思想政治教育工作是学校内育人工作的一种有效扩展，它是一个不能被忽视的重要阶段，可以提高学生的思想政治素养。在假期中，教师和学生拥有了充足的活动时间和更多的自由空间，但是教师和学生之间却很难进行直接的交流，这就导致了思想政治教育工作的接续开展的困难。要对假期思政课与日常思想政治教育协同育人工作进行合理的安排，同时要解决协同育人过程割裂的问题。一方面，要加强教学内容的引导，根据学生在校外期间所面对的各种复杂情况，运用多种形式的在线教学方法，如网络教学等，及时掌握他们的真实状况，并根据他们的具体状况，不定时地开展感恩教育、消费观教育等；另一方面，要充分调动学生参与到社会实践和志愿服务等活动中去的积极性，使他们将所学到的知识和实践有机地结合起来，形成实践报告，以便在开学后和学生一起分享和交流，从而推动协同育人工作的有效衔接。

（三）制定全程协同育人的科学规划

在高校思政课与日常思想政治教育协同育人的诸多环节中，怎样才能确保每一个环节都能进行有效的衔接，这是一个非常重要的问题。高校思政课与日常思想政治教育协同育人工作要在党委统一领导下，对全程协同育人进行科学的规划，从而促进各个环节之间的有序衔接，提高全过程育人的成效。

对全程协同育人进行科学的规划，首先要确保思政课教学在协同育人工作中占据着非常重要的位置，并充分发挥出它引导和带动的关键作用。高校要始终贯彻执行教育方针和政策，始终坚守社会主义办学方向，遵循思想政治工作规律、学生成长规律，将其与高校的历史与办学特色、培养要求与专业特色相联系，根据时代要求与学生的具体现实状况，对全程协同育人进行科学的规划，为协同育人工作的顺利奠定坚实的基础。

制定全程协同育人的科学规划，要将协同育人的目标清单、问题清单和责任清单都理清楚，并统一谋划、统一推进协同育人的目标体系、职责分配等内容。保障思政课与日常思想政治教育协同育人工作全面、有效地推进。与此同时，要建立规范化的管理与监督模式，确保学习、工作、生活的各个方面都能得到有效的落实。

三、全面落实、创新路径，打造全方位协同育人的互动平台

（一）全面落实

1. 课程是承载、输出教育内容的重要载体

在运用好思政课教学的主渠道，要将其他专业课所包含的思想政治教育要素进行充分发掘，将其他学科的协同育人作用发挥到最大，让各种学科与思政课同舟共济，积极开展协作，做好协同育人的工作。高校课程教学体系应把“课程思政”建设作为工作重心，引导专业课教师积极开展“课程思政”建设，充分发掘专业课程所包含的育人要素，充分发挥课程教学的独特功能。

2. 要深挖、融合显性教育与隐性教育资源，全面落实协同育人

在对校园建筑、园林环境等显性物质载体进行规划与呈现的过程中，可以将优秀的传统文化要素融入其中，或者将学校自己的文化特点融入其中，结合榜样人物尤其是优秀校友的真实事迹等育人资源，在教室、宿舍等地方设置宣传栏，张贴宣传海报等，对学生进行熏陶教育，同时还能根据当地实际的情况，加强校企合作，建立红色文化教育基地，让学生在参观和考察的过程中，感受到文化激荡的魅力。除此之外，还要将校训和校歌等隐性的文化资源进行活化，形成良好的校园氛围，培养校园的精神风貌，形成一种积极向上的精神面貌。

（二）创新路径

高校思政课与日常思想政治教育开展协同育人中，工作方式的协同是

一个重要的方面。如果要提高思政课与日常思想政治教育的协同育人效果，就要对各种育人方式进行挖掘，对协同育人路径进行创新，将其综合运用到教学活动中，从而改善协同育人效果。

在现实中，不管是传统思想政治教育的工作方法，还是现代的育人方式，都有其自身的优势和不足之处，所以，要将这些工作方式中的各种优势整合起来，并根据协同育人活动开展的具体情况和实施条件，来灵活地选择并运用各种不同的育人方法，这样才能将协同育人工作的效能最大化。

传统的育人方式以思政课、报告会等为主要载体，而现代育人方式与之有很大的不同，它包括了活动载体、网络载体等。但是，在实施协同育人的过程中，两者又可以相互渗透，相互补充。为此，在实施协同育人时，应根据协同育人的主题，结合受教育者的特征和实际情况，灵活使用多样化的方式和方法，展开协同育人。要在将思政课教学与日常思想政治教育的主题和内容相结合的基础上，充分利用好各类的育人资源和平台，推动协同育人的形式多样化，提高协同育人的创新性和开放性。与此同时，要将思想政治教育与社会大学堂相融合，将社会生活的时事热点作为纽带，与学生的现实生活和日常体验相结合，推动思政课与日常思想政治教育的高效协同。除此之外，要充分运用互联网新媒体，了解学生的真实状况，把握住他们的思想动向，实现师生之间的“即时互动”，这样才能让协同育人工作变得更有针对性、更有时效性。

（三）打造全方位协同育人的互动平台

1. 搭建经验交流平台，促进信息渠道畅通

高校应该站在整体规划的高度，为协同育人工作做好顶层设计，为其稳定化、长效化发展提供良好的条件，并做好物质保障。学生工作处和各个院系要定期举行以任课教师、日常思想政治教育工作者为主要参与者的交流活动，让任课教师对学生在课下的情况有全面的了解，日常思想政治教育工作者也可以进一步确定协同育人的工作目标与工作内容，两方都可以进行一些信息的沟通，让对方对学生状况和工作进度有更深

人的了解。除此之外，协同育人主体还可以针对某一特定的育人难题进行合作研讨，共享育人经验，并制定出相应的育人方案；也可以进行头脑风暴，共同探讨下一步的协同育人工作，从而推动协同育人工作的持续开展。

2. 搭建科研合作平台，打造特色学术团队

思政课的教师以课堂教学和理论研究为主，对课外的实践活动知之甚少；而日常思想政治教育工作者，则是以负责学生的管理工作和进行日常实践活动为主，在思想政治教育工作深层次的理论思考和研究方面还有待强化。利用构建思政课与日常思想政治教育协同育人的科研合作平台，将两支工作队伍最优组合起来，形成一支特色学术团队。在思政课教师的带领下，日常思想政治教育工作者的理论水平可以得到提高，思政课教师能够与日常思想政治教育工作者一起探讨并提出一些实际问题，双方围绕在实际育人工作中的突出理论和实践问题开展学术研究。

3. 搭建资源共享平台，优化整合利用资源

育人资源可以分为以课程资源为代表的核心层次资源、以活动资源为代表的紧密层次资源、以环境资源为代表的外围性资源等。在高校思政课与日常思想政治教育协同育人工作体系中，育人资源在不同学科、不同载体、不同的空间结构中，呈现出广泛而开放的特征。所以，要构建资源共享平台，对资源进行优化整合，推动资源的扩展与共享。将思想政治教育协同育人主体所在部门和学科背景优势相结合，发掘优势的育人资源，并对各种资源进行整合，将校园资源、社会资源、互联网资源等联通起来，形成优势互补、动态更新的实体资源和网络资源共建共享平台。

四、高校思政课与日常思想政治教育工作协同育人的保障机制

（一）强化立德树人的使命担当是动力保障

立德树人是在新的形势下，推动思想政治教育协同育人工作的新发展思路和目标。要推动高校思政课和日常思想政治教育协同育人，就需要加

强育人主体责任意识，将立德树人渗透到整个育人过程中去，全员、全过程、全方位地培养出德才兼备的时代新人。

立德树人是“立德”和“树人”相结合的整体概念，在协同育人工作中，要“做到以树人为核心，以立德为根本”，并把这一理念贯彻到协同育人的整个过程中。推动高校协同育人工作，需要所有的育人主体对立德树人的责任和使命担当有一个清晰的认知，对立德树人的目标任务、实施策略等进行明确，从而让协同育人工作更加具有方向性、科学性和有效性。在思政课和日常思想政治教育协同育人工作中，不仅要有多姿多彩的常态化育人活动，还要加强对立德树人的责任感，着眼未来，从政策、制度和机制等方面对其进行科学的规划，贯彻落实到教学、科研和管理等育人的每一个方面和实践过程中，让每一个教师都尽到育人的职责，让每一门课程都能发挥好育人功能，让“立德树人”得到全面落实和不断地发展。

（二）保证丰富有效的资源供给是物质保障

物质保障是育人各项工作得以成功进行的根本，如果没有充足的物质保障，育人成效会大大降低。要加大经费投入，改善软硬件设施，为协同育人工作的成功展开打下坚实的物质基础。

首先，要加强对协同育人的专项经费的投入，保证协同育人工作的顺畅进行，并激发协同育人的积极性。既要设立协同育人工作专项资金，对资金的使用范围进行明确，对资金的使用过程进行规范，保障协同育人工作的各项活动可以正常进行；也要多措并举，拓宽经费来源渠道，应积极吸纳社会力量，发挥家庭、企业和政府在协同育人中的重要作用。其次，加强软件和硬件方面的建设。完善的基础设施是实现协同育人的前提，要增加经费的投资与建设力度，对与学生有着最紧密联系的教室、图书馆等地方进行修缮，营造出一个美丽、和谐的校园文化环境。建立能够适应育人工作新需求的各类活动中心、实践基地等，为协同育人工作的有序、高效开展提供必要的物质条件和工作环境，并及时对其进行更新，做好维护工作。

（三）健全合理运行的体制机制是制度保障

机制是指系统中的诸要素通过相互作用，形成的功能关系与运作过程，它是系统的功能发挥与有机运行的保障。当前，要实现思想政治教育协同育人的理念全面贯彻，就要完善协同育人体制机制。

健全高校思想政治教育协同育人机制，主要包括领导机制、管理机制、运行机制、监督机制等。在育人机制中，第一位就是领导机制，要构建从学校到部门、班级的上下联动领导机制，强化整体协同育人的统一领导和系统推进；在管理机制中，主要包含了对协同育人主体的人员的管理，以及对协同育人资源平台的管理两个方面，它是高效地进行协同育人工作的重要机制；运行机制贯穿在协同育人的整个协同育人过程中，它包含了具体的教学机制等内容，是协同育人各种具体活动能够顺利进行的机制保障；监督制度是对协同育人工作开展情况和效果进行有效监管和调控的一项关键机制，能确保高校协同育人走上正轨，走上良性发展之路。整体而言，协同育人系统中各个子机制相互协同，是其合理运行的重要保障。

（四）营造共同参与的良好氛围是环境保障

高校校园环境的建设，是以优化育人环境为根本宗旨。充分发挥环境陶冶人、感化人的重要作用。学校环境的营造，是协同育人的一个重要的载体和有力的补充，学校的环境营造的过程是学校协同育人的过程。

创建优良的学校环境，创造良好的育人氛围。首先要加强高校的文化环境的建设。校园文化环境具有隐性的育人作用，学校的育人主体需要充分重视，并要强化其领导与组织工作，科学规划、系统建设校园文化环境。其次是要对校园环境建设进行研究。无论是人文社会还是自然科学的任课教师，都要根据自己所研究的领域对校园文化环境的构建进行深入地研究，并给出一些有针对性的建设方案，将其融入学科专业发展之中。再次是要强化校园风气建设。校园风尚具体包括了校风、学风等，它属于学校特有的精神风貌，对协同育人工作的展开有着直接的影响，对学生具有教育渗透性作用。最后是积极开展丰富多样的校园文化活动。包括学术、运动、科技等主题活动，以学生们喜欢的活动方式和载体为依托，基于实践，开展有效的协同育人工作。

第六章　新时期高校思政协同育人发展趋势

第一节　立德树人

一、背景介绍

中国特色社会主义已经迈入了新的时代，这给高校的思想政治工作在理论遵循、内容形式等都带来了新的时代内涵，为高校的思想政治工作创新发展、科学发展，提供了时代坐标和科学基础。新时期高校要贯彻教育方针，落实立德树人根本任务，发展素质教育，推进教育公平，培育全面发展的社会主义建设者和接班人。以习近平新时代中国特色社会主义思想作为高校思想政治工作的指导方针，立足新起点、勇担新使命，用更广阔的视野、更科学的思维进行整体思考和全局谋划。

二、围绕立德树人构建全方位思政育人体系

就立德树人的目的性质而言，它既注重培育德行，又注重塑造人才，这与思想政治教育的目的（实现人对“物的依赖”向“自由个性”回归）是一致的。具体落实在理论精神、制度法规、实践活动三个层面。在理论精神层面上，主要包括了教学课程、校园文化、审美艺术；在制度法规层

面，包括相关法律规范、规章制度机制和管理服务；在具体实践活动方面，主要包括整体合力、礼仪规范和实践活动。上述所有的内容都与构建全方位思政育人体系有着密切的联系。为此，高校应坚持以立德树人为核心，构建全方位的思政育人体系。

第二节　高校思想政治教育生活化模式

一、凸显教学内容的生活性

（一）选取具有生活性的教育素材

生活是有形的，而非抽象、遥不可及的。思想政治教育属于做人的教育，因此要选择真实、客观生活中的教育素材，虚假的、不合时宜的素材会起到事与愿违的效果。所以，教育工作者在选取教育素材时，应该“因事而化”，也就是要与学生生活中发生的大事、小事联系起来。要“因时而进”，就是要顺应生活“现时”的要求，跟上时代发展的特点；根据当代社会的发展趋向，选取具有鲜明时代内涵的教育素材。作为一名教育工作者，要具备“敏锐的眼睛”，善于从生活中挖掘出“大事”和“小事”，并在进行教育时，选择一些与教学或生活有关的热点事件，找到合适的切入点，注意其与教学内容的关联性、适用性，把故事和理论融合在教学当中。教育者要通过设计一些与生活有关的议题、情境，注意话语的趣味性、亲和力以及学生的接受程度，运用生活中耳熟能详的话语来阐释教学内容，提升课堂教学的艺术性和趣味性，让学生感到亲切，进而加深他们的认知，促使其转化为行为。

（二）在教学中融入学生生活经历

新时期的大学生关注的重点在于教学的内容，因此，教育者应该更加重视学生经历，通过“投其所好”的方式，激发学生的学习兴趣，引导学生在课堂中展示和分享自己在生活中遇到的困惑、事件，并结合教授的内容，为学生排忧解难，这样的话，思想政治教育才能深入学生的心灵，既能迎合学生的“口味”，又能收到很好的教育效果。经过长时间的生活和学习经历，学生已经建立起自己的知识框架。而这些已有的认知，对学生学习新知识会产生怎样的影响，这一点是不言而喻的。如果新学习的知识和大脑中已有的知识相近，那就能提高他们的学习效率，反之，就会降低他们的学习效率。因此，在进行教学的时候，教育者要通过多种途径、多方面地对学生已经有的认知、需求和生活经历进行了解，在教学的时候，要将与之相对应的生活要素融入其中，在传授新的知识的时候，要尽量考虑到学生大脑中已经有的认知，利用其认知同化新知识，让学生能够更好地学会和应用新知识。

二、教学方式要融入现实生活

（一）合理使用生活化教学方式

1. 注重运用情境教学法

知识无法离开情境而独立生存，情境教学就是教育者在进行教育时，可以采用情境再现的方法，将现实中发生的、与教学内容有关的场景，用多媒体或学生表演的形式重现。还可以把一些有教育性的故事“搬”到课堂里去，这种教育方式更直接，但不管采用何种方式，最终目的都是使学生在感受真实生活世界的过程中，用一种学生十分熟悉且独特的方法来“反观”生活，引发学生的思考，从而提升育人实效。

2. 注重运用心理咨询法育人

现在的大学生，面临着包括就业在内的各种压力，这不但会给他们带来心理上的困扰，还会给他们带来思想上的影响，因此，应该“双管齐下”，教育工作者可以“另辟蹊径”，引导他们正确地认识自己，并协助他们解放思想上的问题，促进他们的全面发展。

（二）重视社会实践育人方式

1. 注重社会实践的育人性

从纵向角度讲，大学生的最后“归宿”是社会，从生命发展的阶段来讲，学生的校园生活只是他们生命中的一个阶段，但人并非只有在学生时代才需要教育，在人生命的各个阶段，都需要教育，并且教育的内容也因成长阶段的不同而有差异，对于人的教育是一个终身的过程，所以，教育的课堂就是社会这座大学校。从横向上讲，不仅要在学校里进行学生思想教育，在学校以外还要进行思想教育，不能使学生成为只是在校园之内是道德的人。因此，改变教育方法，加强对学生社会实践的引导，就显得十分必要。

2. 注重社会实践的育人性

要想实现学生全面发展，就要有足够的知识，除了书本上的知识之外，生活实践中体验和感悟到的知识也是必不可少的。而且，从实践中得到的知识，更具有“实战性”。回顾人类早期的思想道德教育，毋庸置疑，主要集中在生活和生产活动中。学生思想的转变需要经历一个过程，不可能在一节课内实现，并且这种转变是要在课内、课外共同进行的。从教材中学习到的有关道德教育的知识，都是通用的，然而，实际生活中，一些道德教育知识却不能“搬”到教材中，即使是教育者讲出来，也未必能让学生真切地理解，还得让学生自己去体会、感悟，所以，教育者要创新自己的教学方法，让学生在生活中去实践、体验、感悟，让学生回归到现实生活中，成为一个全面发展的人。

三、学校管理方式要贴近现实生活

学校对大学生和高校教师的考评方法和考核标准具有很强的导向作用，它会对他们的工作和学习重点产生影响，因此，学校要从他们的现实生活和实际需要作为切入点，对他们的考核评价制度进行完善。为大学生及教师提供有针对性的学习和工作导向。再者，校园环境每日与学生相伴，对学生起着隐性教育的作用，所以，学校要重视校园环境的育人作用，充分利用好它的隐性育人功能。

（一）改进对大学生和高校教师的考核评价机制

1. 优化对学生的考评方式，倡导多样化考评标准

（1）转变思想，更新理念。若是在短时间内难以改变考试为主的考核

评价方式，可以转变思想、更新理念、改变考试内容，以学生的实际生活为立足点，设计合适的试题。比如，多运用现实中的真实事例，使育人和考试“相向而行”，达到考试和育人“两不误”。

（2）注重对学生的过程性考核。重视过程性“动态”考核方法，引导学生参与志愿服务等社会公益活动，并在参与过程中观测学生的思想与行为的改变，考查学生的实践与协作能力等。

（3）实现评价主体多元化。如果对学生的考评只是通过考试和社会实践，而且考评者只有教育者的话，是单方面的，很难达到全面的评价，因此，除了考试与实践以外，还可以尝试其他的考评方法。如，同学之间的相互评价，他们朝夕相处，熟悉对方，了解对方在日常生活中的表现。而且，他们还可以在教育者的引导下，进行自我评价，这样的评价，有可能会出现“虚假”的情况，但却会给他们带来思想上的冲击。

综上所述，不管采用何种评价方法，都要形成考评的合力，建立健全考评的反馈机制，在此基础上，通过总结考评经验，制定出更为有效的考评方案，使考核标准发挥出其导向作用。

2. 调整教师考核评价导向

教师的考核内容，将会影响到教育者将其重点放在哪个方面，因此，将生活教育理念列为培训的一个重要的内容和主要方面，引导教师在教学方式和教学内容上下足功夫，在进行考评的时候，重点关注大学生和高校教师生活教育理念、教学方式和教学内容生活化方面的考评。此外，将是否关注学生的思想状况、是否制定符合学生实际的教学目标等作为考核内容，以起到学生评价的反馈作用。

（二）注重发挥学校环境的隐性育人功能

1. 重视校园物质环境的育人作用

学校的物质环境是“有形”的，能够被人看到、被人触摸到。在重视诸如校园建筑这样的大环境的同时，也要注意到学校的小环境，比如在食堂、图书馆等地方，都要张贴相应的育人标语，那些看似“不起眼”的标语，其实在潜移默化中，对学生的思想产生着影响。图书馆是学生学习的

“主阵地”，而教学大楼则是传授知识的主要场所，因此，可以在这些主要场所摆放一些带有文化底蕴的雕塑、名人画像等物件，让没有生命的建筑充满“灵性”与“活力”，从而起到事半功倍的教育效果。

2. 重视校园文化环境的育人作用

食堂、宿舍和图书馆等的工作人员一直与学生的校园生活相伴，他们的一言一行都会对学生的思想产生一定的影响，假如他们的素质高，并且尽心尽力地做好自己的工作，那么他们对学生思想的积极影响可想而知。因此，学校应该对其进行经常性的培训，从而提升其综合素质，发挥服务育人作用。

第三节　优秀传统文化与高校思政教学的融合

人本质上是作为一种文化建设和传承的载体而存在的，而人也是通过运用文化，划定了和动物的区别界线，并凭借自己的本性和力量，完成自己的行为。而人正是通过不断地提高自己、超越自己，才能达到自我创造与发展，才能成为面向未来的人。文化也是区别人与动物的主要方式，因此目前唯有充分发挥思想政治教育的文化作用，才能更好地促进人的全面发展，从而彰显出文化个性的必要性。在人类认知世界的过程中，文化既是方式也是结果，因此，在思想政治教育过程中，“做人”教育与文化对人的影响是相同的。思想政治工作归根结底就是做人的工作。发挥思想政治教育的文化功能，打破传统的桎梏，用先进的人类文化成果来浇灌人们的灵魂，是以价值理性取代工具理性的方向来定义传统思想政治教育，同时，也满足了人们对精神生活发展的需要。

一、中华优秀传统文化的特点

（一）统一性与多样性并存

1. 传统文化的统一性

从其自身发展过程来看，通过对各种外来文化的吸收，以及不断变革发展，逐步形成了一整套以儒学为主流意识的思想体系。春秋战国时期，是一个风云变幻的时代，各种学派、家族流派层出不穷，出现了百家争鸣的盛况，思想得到极大的解放。在此之后，秦王朝推行大一统的战略。从此，中国进入了大一统的时期，并由此开启了一个封建社会新局面。到了汉代，实行“罢黜百家，独尊儒术”的统治政策，从而使儒学思想逐步成为中华民族的主流思想。直至中华人民共和国成立后，这种精神仍然激励着中华儿女团结一致向前进。从其内容上看，传统文化的主导思想是“儒学”，法、道、墨、阴阳等百家共存。在传统文化中，不仅有对天地万物的探究，也有对政治、经济和文化方面的考量，它涉及哲学、艺术、人伦道德等多个维度，且经过数千年的演变和融合，已经渐渐形成了统一的文化特色。

2. 传统文化的多样性

（1）传统节日。传统节日是我国文化不断发展的成果，传统节日活动将中华人民团结了起来，是连接各民族文化的精神桥梁。

（2）传统建筑。中国传统建筑风格独特，具有丰富的装饰风格。万里长城的雄伟壮丽、故宫的气势恢宏、苏州园林的清幽秀美，这些具有独特风格和精湛技艺的传统建筑，都是我国民族辉煌的历史文化的鲜活反映。

（3）传统文艺。古代文学、传统戏曲音乐等传统文艺极其丰富且辉煌，都是我国文化多样性的体现。

（4）传统学术思想、理论观点。古代的学术思想和理论观点十分丰富，有些思想观点还包含着丰富的哲理，这些哲理思想对人们的价值取向、生活方式，以及中国社会的发展都有深远的意义，至今仍有很高的教育价值。

（二）继承性和创新性并存

传统文化的继承性也同样具备多样性。对传统习俗的继承是最基本的形式，继承传统文艺也是其不可缺少的一环。中国是文化史上未曾中断的文明古国。随着时间的流逝，其本质特征得以保留。而且，还可以随着时代的变化，不断地填充新的具体内涵。时至今日，进入21世纪，中国传统文化的内涵和精神实质，仍在中华儿女的血液里流动着，并成为当代中华儿女行动、生活习惯的指导思想。

中国的传统文化，在历史的变迁中，始终屹立不倒，最主要的原因就是它可以随着时代的变迁，不断地创新和发展。在吸收了前人的智慧之后，又进行持续地创新，并与时代的需要相融合，最终构建出了新的理论体系，这样循环下来，慢慢地形成并发展成熟。除此之外，它还可以积极吸收各民族和其他国家的优秀文化，在进行交流发展的过程中，不断地对这些文化进行包容和融合，进而实现其创新发展的目的。

（三）独立性与融合性并存

独立性是指传统文化以中华民族为主体创立，逐步形成了我国独特的文化体系。中国特有的方形汉字和语音系统，以藏象学说为中心的中医药理论体系，具有独特风格的戏剧、音乐、中国书法、绘画等，都是具有代表性的中国传统文化。同时，它又表现出对外来文化的强大的融合性和批判性。对于外来文化，要坚持“洋为中用”的原则，并在批判的基础上进行继承。佛教发源自古代印度，在公元前1世纪前后引入中国，在隋唐之际达到了繁荣鼎盛时期，并与“儒教”“道教”形成了三教鼎立的局面。也正因为这种强大的融合性和理性的批判继承，它才能在世界文化中充分体现自己的主体作用，才能在当代社会中保持旺盛的生命力，才能提高我国在当代世界中的文化软实力。

二、优秀传统文化与高校思政教学融合的意义

在中国古代，由于传统文化注重对道德的养成，因此，在那个时代，人们普遍认为道德是主要的价值取向。儒家认为，美好的、理想的生活就是经过道德实践的生活。古代教育以道德教育和伦理教育为主，知识教育次之，而德行品质成为古代教育的重要方面。在儒学中，认为人生最重要的就是道德教化和修养人格，而不是知识追求。

中国传统文化经过几千年的发展，一直延续到今天，是前人的智慧结

晶。中国现在的传统文化不但没有违背社会主义的发展方向，而且还对今天的社会发展起到了一定的促进作用。特别是中华民族传统文化中的道德文化，在提高大学生思想道德素养方面起到了很大的帮助，是进行思想道德教育过程中的一盏明灯。比如，传统道德文化中的道德规范、科学文学等，将中国传统文化融入高校思想政治教学之中，可以让学生树立起正确的世界观、人生观和价值观。

（一）实现“三全育人”

中华优秀传统文化对思想政治教育“三全育人”具有重要的推动作用。教育工作者要通过对中国特色社会主义历史发展和伟大实践的探索，教育、引导学生对国际形势及中国发展趋势有一个正确的认识，对人类社会发展的历史必然性、中国特色社会主义的历史必然性进行把握和认识，树立为共产主义远大理想和中国特色社会主义共同理想而奋斗的信念和信心。这就需要高校思想政治教育加强对大学生的历史发展眼光的培养，从近代中国历史发展的总体趋势和世界史的总体趋势出发，去探索当代中国历史发展的规律，探索人类历史发展的必然规律。为了达到这个目的，高校的思想政治教育不能只限于在课堂上进行，否则将会大大降低其教学成效。要使高校思想政治教育实效达到最大化，就应做到全员、全过程、全方位育人，也就是思想政治教育所谓的“三全育人”。

（二）对学术自由和精神自由的极大促进

培养学生的独立精神状态，培养学生的自我思考能力，是高等教育中的核心。它的中心使命是优化知识，其担任着优化知识、开拓理智和真理的核心任务，以及其所包括的精神独立和思维自由不受约束的精神。

因此，在进行大学生思政教育时，可以运用、引用并掌握传统文化，从学术这一视角出发的诸多有效方法，结合高校思政的有关教育实践，教育学生自由地进行学术研究、具备独立人格的精神。

三、优秀传统文化应用原则

（一）批判继承的原则

我国一直重视中华民族的道德建设，不管是社会主义荣辱观，还是社会主义核心价值观，都对国民的道德做出了规范。当前我国的国民社会道德水平和信任指标还有强化的空间，要重建文明并不简单，需要从细节做起。在新的时代背景下，要以中华民族优秀的传统文化为基础，建设相应的道德新风尚，唯有切合实际才能使道德建设为广大人民群众所接受。教育工作者在学生学习和传承儒家思想时，要坚守历史唯物主义的立场，在对待传统文化时，应坚持取其精华，古为今用，并要符合新时代的历史发展特点。

（二）方向性原则

1. 坚持以马克思主义为指导

由于每个地区发展的历史和环境都不尽相同，因此，形成了不同民族特有的生活和生产方式，每个地区的习俗也都有自己的特点。马克思主义的理论具有十分丰富的内涵，既包括了指导日常工作的辩证思想，又包含了走群众路线、实事求是的思想，直到今天仍然对人们的生活产生着巨大的影响。中国特色社会主义文化是在马克思主义思想的指引下，吸收了西方文化的优秀成分，与我国的传统文化相结合，因此，要将这些优秀的文化与马克思主义有机结合起来，把优秀的传统文化传授给学生。

2. 坚持思想政治教育

从古至今，知识分子都具有强烈的家国情怀，他们有崇高的道德理想。正因为如此，随着历史的发展，他们才逐步融入了我国传统文化中，比如，顾炎武所说的“天下兴亡，匹夫有责”，他们既是传统文化道德教育的一员，又与思想政治教育密切相关。

3. 坚持社会主义核心价值体系

社会主义核心价值体系是指导我国国民思想道德的纲领，要以宣传和实际行动的方式，把它融入大众的日常生活中，让广大人民群众对这一体系有更深的认识。

（三）创新性原则

中国的传统文化要想传承下去，就要有创新地开发。随着时代的变化，中国传统文化也要跟着改变。文化传播可以从一个地域或时期传到另一个地域或时期，让传统文化得以延续。弘扬中国传统文化的途径多种多样，维度丰富，创新性开发就是一种重要的途径，通过创新性开发，整理运用传统文化；要满足思想政治教育功能，就需要结合时代特点、受教育者的价值观等，使传统文化具备现代文化的意义和内涵，将外来文化中能够融合的部分与传统文化相融合，将新的文化要素传授给受教育者也是一种好的教育内容。可以说，思想政治教育为传统文化的创新发展提供了方向，这种正确的方向能够让传统文化更好地为当前文化发展提供服务，同时也丰富了思想政治教育的内涵和价值。

四、孝道文化融入大学生思政教育

（一）孝道文化融入大学生思想政治教育中需要注意的方面

1. 大学生对传统孝道文化的兴趣有待提升

（1）需要推动大学生深入阅读、多阅读有关孝道文化知识的书籍。因为当今社会，电子商务得到了大力发展，纸质书籍的阅读模式已经越来越少，而电子书的阅读量在不断地增加。从当前的情况来看，学生更加依赖于电子书，方便快捷的电子书是他们最喜欢的一种阅读模式。目前，高校学生对传统的孝道文化的纸质书籍阅读不多。这主要是因为，一方面，关于孝道文化的书籍大多为文言文，阅读的难度较高，对文言文不感兴趣的人，大多不会阅读此类书籍；另一方面，大多大学生心中将传统文化与晦涩难懂划上了等号。因此，大学生阅读有关孝道文化的阅读量不多。

（2）大学生对传统孝道文化的渊源了解有待深化。从当前的情况来看，高校学生对孝道文化的内涵认识还有待深化。对于孝道文化的理解会影响其行为，而大学生若缺乏对孝道文化的深入理解，则会影响孝道文化发挥引导作用，让大学生对其存在一定的偏见，从而无法有效引导大学生的道德行为。

（3）大学生对孝道文化的发展与实践的重视度有待强化。当今的大学生在阅读与孝道有关的书籍方面并不多，且他们对这类书籍的兴趣程度也不高，所以，大学生在这一方面的发展知识还有待深入了解。而这也影响着大学生开展该文化相关活动的兴趣，也就会影响到当代大学生对该文化在日常生活中的实践开展。在实施孝道文化实践活动的过程中，若大学生缺乏参与积极性，将会影响到传统孝道文化实践活动的开展。因此，要帮助大学生深入了解传统孝道文化，使其对传统孝道文化有明确的认知，进而重视传统孝道文化的发展与实践。践行孝道文化，要使当今的大学生懂得知行合一，做到知行合一。

2. 大学生对传统孝道文化的践行力有待提高

（1）大学生对孝道文化课程的选择空间有待扩展。由于孝道文化的课程普遍比较深奥难懂，因此，大学生很少会选择传统孝道文化课程，这在某种意义上会对他们的传统孝道文化践行力产生影响。在大学课程中，有关孝道文化课程设置有待增加，这样才能更好地提高学生这方面的实践力度。

（2）学校对传统孝道文化的教育重视度有待提高。大学校园是当代大学生活动的主要地方，要想弘扬和发展孝道文化，学校就要加大对优秀传统孝道文化教育的力度，增设相关的课程，开展更多有关孝道文化的活动，并积极地引导学生参加孝道文化实践活动。校园氛围对学生有很大的影响，学校要重视传统孝道文化，加大对传统孝道文化的培育力度，加强传统孝道文化的践行工作。

（3）大学生对传统孝道文化的理性认知有待提高。在将孝道文化与大学生思想政治教育相结合的过程中，既能将传统孝道文化进行弘扬，也能强化大学生对传统孝道文化的情感认同，在强化其情感认同的同时，还可以强化大学生对传统优秀孝道文化的理性认知。

大学生对孝道文化的理性认识可以引导他们的行为，当代大学生对孝道文化的认知还有待提高，若大学生对孝道文化知识与内涵缺乏客观理性的认知，将会极大地阻碍传统孝道文化的践行力，同时，也会阻碍孝道文化与大学生思想政治教育的融合。

（二）孝道文化融合大学生思政教育的措施

1. 加强社会弘扬孝道文化的规范引领

强化大众媒体的正确引导。大众媒体可以跨越时间和空间的限制，将海量的资讯汇集在一起，实现信息的快捷传播。大众传媒的有效运用，对整个社会都具有积极地推动作用。央视有一则有关孝道文化的公益广告，一个小男孩看到自己的妈妈给外婆洗脚，就学着妈妈的样子，端了一盆水，为母亲洗脚。这个广告在当时产生了很大的反响，并且打动了很多中国人。在春晚上演唱的《常回家看看》这首歌，就引来了许多中国人的共鸣，歌曲中的呼唤也让许多中国人潸然泪下，这一切无不反映出了孝道文化。从某种意义上说，它让人们对“孝”的重要性有了更深刻的认识。当前，大众媒体对高校学生进行孝道教育中，有着很好的导向作用，所以，大众媒体要树立起尊老、爱老的良好形象。大众媒体可以起到很好的宣传作用，利用电视、网络等多种媒介来宣传孝道文化，使学生在不知不觉中被孝道文化所感染，从而产生孝道意识，提高大学生的思想道德素质。

大众传媒应该积极开展孝道文化的宣传，通过一些优秀人物的动人事迹来宣传，让当代大学生对孝道文化的知识有较为全面的认知；谴责并指正不孝行为，有利于营造良好的孝道文化学习氛围，增强孝道意识。

社会环境的影响极其重要，社会应树立正确的孝道观念，大众传媒应通过社会意识的引导，推动孝道文化的继承和发展。大众传媒应该扛起时代使命，为大学生提供正确导向，为大学生的孝道教育贡献自己的一份力，使大学生树立正确的孝道观念。中国十分注重传承与弘扬优秀传统文化，中央电视台每年都会有感动中国人物的评选活动，这种活动的实质也是弘扬优秀传统文化。生活中不乏爱，但平淡的爱却最动人。大众传媒可以为当代大学生孝道意识的养成创造良好的条件，通过大众传媒的宣传，可以使高校学生对孝道文化的认知加深，从而影响其行为，加深自己尽孝的义务与责任，强化其担当意识和社会责任感。大众媒体要做好孝道文化的宣传工作，相关部门要积极配合，加强对校园附近休闲娱乐场所的管理，及时发现不良的文化，为高校学生创造一个良好的孝道教育环境。

2. 抓好学校孝道文化教育的主阵地

在高校开展思想教育工作时，应与孝道文化相融合。将优秀传统文化教育融入教学计划之中。究其原因，主要在于孝道文化与思想政治教育的目的是一致的。如果将孝道文化教育与思想政治教育有机地融合起来，不但可以丰富思想政治教育的内容，而且还可以促进孝道文化的弘扬，提高大学生对孝道文化的认识，为弘扬中华优秀传统文化做出贡献。高校学生是我国今后发展的主力军，加强高校学生道德素质的培养，对高校思想政治教育工作的开展具有重大意义。通过学校教育可以改变学生的孝道价值观，高校应当营造良好的孝道文化环境。要将思想政治教育和孝道文化的弘扬融为一体，将孝道文化和思想政治教育有机地融合在一起，将孝道文化纳入学校的教学计划中去。同时，学校还应招募对传统文化有所了解的教师，使学生认识到孝道观念的重要性，建立正确的孝道观念。学校可以举办一些讲座，提高学生对孝道观念的理解。除此之外，还可以开展一些社会实践活动，比如组织学生到养老院、社区探望老年人，与老人聊天，在此过程中，大学生将受到孝道教育的熏陶。将孝文化融入校园，是建设优良校园文化的一种途径，有利于改善学生的思想政治教育，使他们建立起正确的孝道观念，进一步贯彻实施孝道文化，使他们形成良好的孝道行为，提高他们对孝道文化的学习热情。

五、儒家文化融入高校思政教育

儒家思想博大精深，其内容体系的内涵可分为三个层面：“道”的本体、“仁”的人文精神、“礼”的规范。“道”的本体是对什么是人这个问题的探寻，“仁”的人文精神是对怎样做人的探寻，“礼”的规范则是对怎么样处事问题的探寻。从这一文化底蕴上来看，儒家思想与高校思政教学是一脉相承的，儒家思想以其无限的活力为高校德育教育教学工作指明了方向、铺垫了道路。儒家思想是历朝儒学的思想荟萃，其所蕴含的鲜明民族文化与先进教育理念，也有着自己独特的特色。首先，儒家思想对自然规律的认识，是基于人与自然关系的不同价值取向的。把这一思想体系应用到思政教学价值观的培育上，可以在某种意义上和中国社会主义思想相呼应。其次，儒家思想具有知行合一的实践原则。儒家思想以陶冶情操、实践德行，达到人的社会价值、自我实现为目的，这与道德教育中所重视的知行合一原则相吻合。最后，儒家思想具有立足长远的思想追求。儒家思想在强调学术的实际功能的同时，也强调个体“普世价值”和社会责任，充分体现出做人做事要脚踏实地的精神。

（一）文化熏陶

首先，可以开展文化宣传工作，做好文化渗透的工作，利用宣传海报、校园广播等方式，对儒家文化进行宣传和教育。学生的大多数时间都是在校园中度过，而且他们日常的活动地点也不多，因此，在日常生活中，通过海报等对他们进行潜移默化地影响，这对他们的思想融合是有益的。其次，要充分发挥互联网的优势，运用微信公众号、学校网站等多种互联网平台，开展校园文化宣传。要充分发挥学生对网络关注的特点，学校官方微信、微博等几乎天天都可以在手机上查看，效果很好。在此基础上，开展儒家文化的系列活动，可以加强文化的学习。

（二）儒家文化系列课程的讲解

除了日常的接触之外，还需要对儒家文化进行系统的了解，这样才能掌握其中的精髓。如果只是通过课文了解，很难领悟其中的精华。在进行思想教育的时候，辅导员可以进行一些改革，推动儒家文化课程的发展，将单调的思想教育宣讲转变成对儒家文化案例的讲解，让学生体会古人的行为典范。在思想政治教育中加入儒家课程，不但能推动儒家思想与现代教育的融合，形成良好的价值观，有助于培养学生的高尚文化修养，还能打破传统的教育方式，增强对传统文化的宣传。

（三）推进儒家文化应用于实践

将儒家文化融入高校思政教育中，只靠一个环节并不足以实现，还需要多方面的协同作用。在儒家文化的教育中，辅导员对于学生的理论知识教育只是其中一个方面，如果要实现对大学生的儒家思想教育，还需要开展与之相适应的实践活动，从而让他们对理论知识有更深的理解。比如，儒家讲坛、思想汇报等多种形式的活动。通过这种活动，不但可以让辅导员对儒家文化有更深一层的认识，同时也能够让学生学以致用。儒家文化的传承光靠理论学习是不够的，最重要的是要展开实践活动，要牢固把握并有效传承儒家文化中的经典。

六、优秀传统文化与高校思政教学的融合策略

（一）推动高校“三大课堂”建设

1. 强化“第一课堂”，运用新媒体打造传统文化特色课程

课堂是大学生接受知识教育的主渠道，也是思政教育开发、利用传统文化资源的重要场所。在高校课程体系中融入优秀传统文化十分必要。高校有必要开设优秀传统文化必修课，充分发挥其育人的作用，加强课程育人体系。教材是开展思想政治教育工作的重要载体，因此，不但要将优秀传统文化编入教材中，还要在思政教材中，适当地加大优秀传统文化所占的比重，并以高校自身的实际情况与学生的思想政治教育现状为依据，选择性地对优秀传统文化进行吸收和学习。健全思想政治教育课程的体系，并对课程设置进行优化。

2. 依托“第二课堂”，开展优秀传统文化实践活动

高校应准确把握“知行合一”的内涵，利用好课堂和课本，结合优秀传统文化的资源，开展实践教学活动，加强思想政治教育的有效性，增强大学生对优秀传统文化的认知。高校应积极拓展优秀传统文化的教育途径，充分利用各种社会资源，运用“请进来”和“走出去”相结合的方式，进行优秀传统文化教育，通过邀请知名专家学者到校开展讲座、组织

学生到校外实地考察等方法，开展多种形式的文化展览，为大学生创设文化情境，引导他们去感悟、体验优秀传统文化，并积极地开展一些对他们有益的优秀传统文化学习活动。同时，还应成立传统文化社团组织，创造良好的文化环境，使大学生的思想政治教育形式能够更加丰富多彩，从而推动学生的转变。

3. 建设“第三课堂”，优化基于优秀传统文化的网络平台

新媒体是一种基于新技术的媒体形态。新媒体的快速发展，给高校思想政治教育工作带来了新的空间和新的载体，网络已经成为传统优秀传统文化的主要途径，同时，它也是当代大学生获取信息和进行情感交流的一种重要方式。高校要充分利用新媒体技术，对优秀传统文化的网络教育平台进行优化，促进思想政治工作的传统优势与信息技术的高度融合，巩固网络思想政治教育的重要阵地。爱国主义情怀、诚实守信优良品质等，都是优秀传统文化的丰富内涵，对优秀传统文化进行积极传播，引导学生关注和认知中华优秀传统文化。

（二）提升高校教师综合素质与文化教育意识

1. 完善新媒体专业素养，合理利用新媒体平台资源

新媒体在为高校教学提供机会的同时，也对高校教学提出了挑战。不仅要在网上实现高质量的教学资源共享，还需要教师拥有一定的新媒介素养和信息技术应用能力。所以，提高教师的专业素质对于高校思想政治教育的有效性具有重要意义。经验丰富的教师，以其自身的人格魅力，会在不知不觉中感染着学生的思想和行为，让学生乐于聆听教诲。大学教师要提高新媒体素养，积极参与并使用新媒体，对新媒体信息有正确的辨识和理解能力，并具备对新媒体信息进行判断和质疑的能力，从而让自身运用新媒体开展工作的能力得到提升，正确引导学生使用新媒体。

2. 重视优秀传统文化线上课堂，创新大学生和高校教师互动交流模式

高校思想政治课教学中，教育工作者要注意处理好“教”与“学”的关系，充分尊重学生的主体地位，采用学生愿意接受的方法。利用大学生更倾向于通过网络进行交流的特点，教师可以适当运用新媒体，创建传统

文化在线课堂，在网上与学生进行互动，建立网络环境下，大学生和高校教师的关系。用一种学生喜欢的方法来进行优秀传统文化教育，从而为提高大学生的文化素养提供一个更为顺畅的平台，这同样是新媒体时代下，人们的共同目标和理想追求。

3. 注重优秀传统文化的思政教学研究，进一步完善思想政治教育内容

中华传统文化历史悠久、底蕴深厚，当教师真正了解优秀传统文化内涵时，在教学过程中才能旁征博引，将课程讲得出彩，调动学生的学习热情。

高校思想政治教育工作者要把握优秀传统文化的思想内涵，充分发挥思政教育的作用。高校要重视教师的理论文化学习，积极开展传统文化的交流和研讨教学活动，并设立相应的研究项目与经费，以提高思想政治教育工作者对深入研究优秀传统文化的积极性，要把优秀传统文化和思想政治教育工作有机地结合起来，使高校思想政治教育质量得到进一步的提升。

（三）增设网络教育阵地，优化创新传统文化教育的新方式

信息科学发展迅速，互联网、智能手机等已经成为人们日常生活中的一部分，也是人们日常学习、交流的重要途径和方法。互联网已经渐渐成为学生迅速、便捷、有效搜集资源和学术的渠道，它让大学生的自我提升、日常生活、精神框架都拥有广泛而意义深远的作用。

高校要不断对传统文化的教育过程和途径进行改革，增加网络教育，充分发挥网络的作用，建立以网络为中心的传统文化培育模块，为广大学生能够全面地进行思想政治教育提供条件。目前，不少高校纷纷建立自己的网站，借助这个机会，可以借助弘扬优秀传统文化的途径，将大量的理论转换为音频和视频等具有感染力的渠道，让学生可以体验到传统文化的核心能量。学校网站的建立，不但能拉近师生间的距离，让学生在潜移默化中获得知识，还能为学生一一解答在日常生活中遇到的难题，并在学生精神层面进行引导。因此，思政课教师要学会科学地运用网络，多角度地对大学生进行教育和引导，并对网络资源进行全面的审核，增设更有效的

思政教育方式。

（四）促进思想政治教师人才的自我修养

教师要坚持正确的政治导向，推动思想道德的建设与教育，促进国家与社会使命感的形成，做好学生生活与成长的指导者。因此，提高高校思政课师资队伍的素养是十分必要的。

但是，就目前的发展趋势来看，在高校思政教师的引入以及相应的后期建设过程中，大部分教师都需要提升相应的职业道德和自身素质修养，以及对中国传统文化的认知。

（五）教师进行深入学习，加强传统文化与教学内容的结合

要想把新时代的思想道德建设与传统文化相融合，教师既要对本专业知识有足够的研究，也要深入地学习和实践传统文化。一方面，在对传统文化的深入学习中，教师可以提高自己的道德素养，改变自己的行为，从而在潜移默化中对学生的道德素养产生影响。另一方面，在对传统文化进行内化的过程中，可以将高质量的教育理念和学者风气带到课堂中，从而提高学生的体验感和代入感。将传统文化融入高校思政教学，可以实现“两手抓”，让学生得到优秀传统文化思想与现代先进道德观念的思想熏陶。所以，要使大学生形成良好的道德观念，推动以德立人教育的发展，就要对传统文化有深刻的认识，强化传统文化与课堂内容的结合。

参考文献

1. 王丽荣，李丹. 三位一体　协同育人［M］. 镇江：江苏大学出版社，2018.

2. 顾雁飞. 新时期高校思政协同育人机制探究［M］. 长春：吉林大学出版社，2022.

3. 陆安琪. 新时代高校思想政治协同育人路径研究［M］. 北京：中译出版社，2022.

4. 郑清文. 从“认同”到“协同”：高校思政协同育人的实践与思考［M］. 北京：中国青年出版社，2021.

5. 王诗渊. 高校课程思政与思政课程协同育人问题研究［M］. 贵阳：贵州大学出版社，2022.

6. 李薇. 高校辅导员与专业课教师协同育人研究［M］. 长春：吉林人民出版社，2021.

7. 何宗元. 新时代思想政治教育协同育人原理与实践研究［M］. 北京：企业管理出版社，2021.

8. 李薇，沈大明. 多重视域下课程思政研究［M］. 北京：中国轻工业出版社，2022.

9. 罗华丽. 高校思想政治理论课教师与辅导员队伍协同育人优化研究［M］. 天津：天津人民出版社，2023.

10. 朱惠蓉，陶思亮. 跨界协同育人共同体：思与行的融合［M］. 上海：上海交通大学出版社，2018.